초등 한자 어휘

1단계

초등 1~2학년 권장

⬇ 정답과 해설은 EBS 초등사이트(primary.ebs.co.kr)에서 다운로드 받으실 수 있습니다.

| 교 재
내 용
문 의 | 교재 내용 문의는 EBS 초등사이트
(primary.ebs.co.kr)의 교재 Q&A
서비스를 활용하시기 바랍니다. | 교 재
정오표
공 지 | 발행 이후 발견된 정오 사항을 EBS 초등사이트
정오표 코너에서 알려 드립니다.
교재 검색 ▶ 교재 선택 ▶ 정오표 | 교 재
정 정
신 청 | 공지된 정오 내용 외에 발견된 정오 사항이
있다면 EBS 초등사이트를 통해 알려 주세요.
교재 검색 ▶ 교재 선택 ▶ 교재 Q&A |

어휘가
독해다!
초등 한자 어휘

1단계

초등 1~2학년 권장

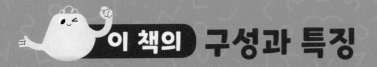

이 책의 구성과 특징

쑥쑥 어휘 실력!!
읽기 잡고 국어 잡고~

- 한자 어휘 공부를 통해 읽기와 국어 공부를 함께할 수 있습니다.
- 초등학교 교과서에 자주 나오는 한자 어휘를 학습할 수 있습니다.
- 쉽고 재미있게 한자 어휘를 공부할 수 있습니다.

어휘 소개하기   ### 어휘 익히기

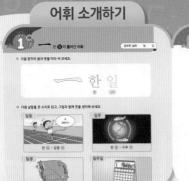 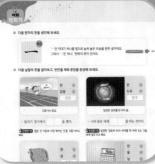

- 한자 어휘 공부를 하기 전에 그림으로 먼저 만나 보아요.
- 한자 어휘를 익히고 예문을 통해 문장에서 어떻게 쓰이는지 살펴보아요.

어휘 다지기   ### 어휘 활용하기

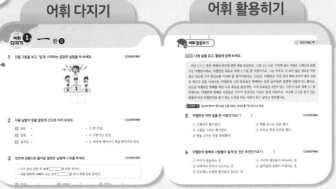

- 문항을 통해 배운 어휘를 얼마나 이해했는지 확인해 보아요.
- 한자 어휘가 사용된 글을 읽고 독해 문제를 풀어 보아요.

어휘 굳히기   ### 어휘 놀이터

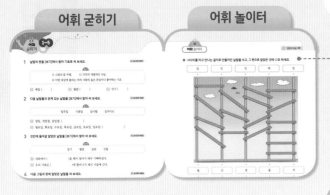

- 5일 차마다 앞에서 익힌 어휘를 다시 한번 확인하며 복습해 보아요.
- 다양한 활동을 통해 쉽고 재미있게 어휘 공부를 해 보아요.

정답과 해설   ### 부록

 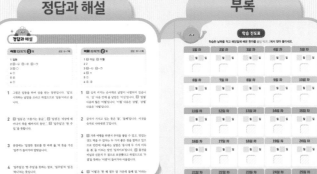

- 내가 풀어 본 문제들의 해설을 확인해 보아요.
- 학습 진도표에 붙임딱지를 붙여 학습 상황을 한눈에 확인해 보아요.

* EBS 초등사이트에서 한자 학습 부가 자료 다운로드 제공

차례

인공지능 DANCHOQ 푸리봇 문|제|검|색

EBS 초등사이트와 EBS 초등 APP 하단의 AI 학습도우미 푸리봇을 통해 문항코드를 검색하면 푸리봇이 해당 문제의 해설 강의를 찾아 줍니다.

문제별 문항코드 확인 → 241027-0001

[241027-0001]

1. 아래 그래프를 이해한 내용으로 가장 적절한 것은?

문항코드 검색

一　한 **일** 이 들어간 어휘

◎ 다음 한자의 뜻과 소리를 따라 써 보세요.

一　한　일

뜻　　소리

◎ 다음 낱말을 큰 소리로 읽고, 그림과 함께 뜻을 생각해 보세요.

일등

와, 일등이다!

한 일 + 같을 등

일주

한 일 + 두루 주

일생

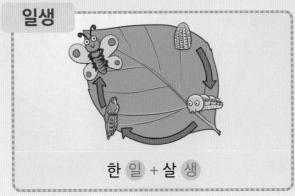

한 일 + 살 생

일주일

한 일 + 돌 주 + 날 일

○ 이미 알고 있는 낱말에 ✓표를 하세요.

　일등　　일주　　일생　　일주일

○ 위 낱말마다 반복되는 글자를 찾아 붙임 딱지를 붙여 보세요.　붙임 딱지

붙임 딱지1 활용

◉ 다음 한자의 뜻을 생각해 보세요.

8급

'一'은 막대기 하나를 옆으로 눕혀 놓은 모습을 본뜬 글자예요.
그래서 '一'은 '하나', '첫째'의 뜻이 있어요.

◉ 다음 낱말의 뜻을 알아보고, 빈칸을 채워 문장을 완성해 보세요.

한	일
같을	등

일등

으뜸가는 등급.

• 달리기 경기에서 [ ][ ]을 했다.

👆친절한 샘 '많은 것 가운데 가장 뛰어난 것'을 '으뜸'이라고
해요.

한	일
두루	주

일주

일정한 경로를 한 바퀴 돎.

• 나의 꿈은 세계 [ ][ ]를 하는 것이다.

👆친절한 샘 일정한 경로에 따라 세계를 한 바퀴 도는 것을
'세계 일주'라고 해요.

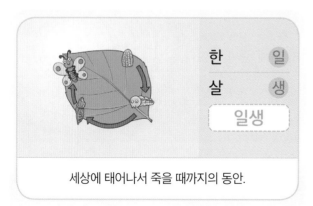

한	일
살	생

일생

세상에 태어나서 죽을 때까지의 동안.

• 나비의 [ ][ ]은 알, 애벌레, 번데기,

나비 순서이다.

한	일
돌	주
날	일

일주일

한 주일.

• 여름 방학에 [ ][ ][ ] 동안

제주도로 가족 여행을 떠났다.

👆친절한 샘 '주일'은 월요일부터 일요일까지의 7일 동안을 말
해요.

1 다음 그림을 보고, '일'로 시작하는 알맞은 낱말을 써 보세요. ▶ 241027-0001

☐☐

2 다음 낱말의 뜻을 알맞게 선으로 이어 보세요. ▶ 241027-0002

1	일등	•	• ㉠ 한 주일.
2	일생	•	• ㉡ 으뜸가는 등급.
3	일주일	•	• ㉢ 세상에 태어나서 죽을 때까지의 동안.

3 빈칸에 공통으로 들어갈 알맞은 낱말에 ○표를 하세요. ▶ 241027-0003

- 스무 살이 되면 꼭 세계 ☐☐☐를 떠날 것이다.
- 여름 방학에 아빠와 나는 전국 ☐☐☐를 하기 위해 준비 중이다.

1 일정 (   )   2 일주 (   )   3 일기 (   )

4 다음 밑줄 친 글자의 뜻으로 알맞은 것은 무엇인가요? (   ) ▶ 241027-0004

일주일 동안 나는 매일 운동을 하기로 결심했어.

① 하나   ② 둘   ③ 여럿
④ 매번   ⑤ 월요일

5~6 다음 글을 읽고, 물음에 답해 보세요.

> 지난 일주일 동안 세계의 위인에 관한 책을 읽었어요. 그중 일등으로 기억에 남는 사람은 스페인의 탐험가인 마젤란이에요. 마젤란은 최초로 세계 일주를 한 사람이지요. 그는 아무도 가 보지 않은 새로운 바닷길로 인도에 가서 향신료를 가져와 팔 생각이었어요. 1519년, 마젤란은 다섯 척의 배와 270여 명의 선원을 데리고 길을 나섰어요. 마젤란과 그의 동료들은 항해하는 동안 굶주림과 질병에 시달리기도 했어요. 1521년 마젤란은 항해를 하던 도중 목숨을 잃었지만, 그의 동료들은 3년이 넘는 시간이 걸려 세계 일주를 마쳤어요. 마젤란의 항해로 사람들은 지구가 둥글다는 사실도 알게 되었지요. 자신의 일생을 용기 있는 탐험에 바친 마젤란처럼 용기 있는 도전을 하는 사람이 되고 싶다고 생각했어요.

👆 친절한 샘 '음식에 맵거나 향기로운 맛을 더하는 조미료'를 '향신료'라고 해요.

5 마젤란은 어떤 일을 한 사람인가요? (   )   ▶ 241027-0005

① 스페인의 왕이었다.   ② 배를 만드는 일을 했다.
③ 그림을 그리는 화가였다.   ④ 최초로 세계 일주를 했다.
⑤ 병을 고치는 약을 발명했다.

6 마젤란의 항해로 사람들이 알게 된 것은 무엇인가요? (   )   ▶ 241027-0006

① 지구가 둥글다는 것.   ② 지구의 대부분이 바다라는 것.
③ 나라마다 언어가 다르다는 것.   ④ 굶주림과 질병이 무섭다는 것.
⑤ 인도에는 다양한 향신료가 있다는 것.

어휘 더하기 - 일심동체

한 일 + 마음 심 + 한가지 동 + 몸 체

한 마음 한 몸이라는 뜻으로, 어떤 일을 할 때 뜻을 하나로 모아 굳게 결합하는 것을 이르는 말.

우리는 [ ][ ][ ][ ] 가 되어 달리기를 했다.

二 두 **이** 가 들어간 어휘

◎ 다음 한자의 뜻과 소리를 따라 써 보세요.

◎ 다음 낱말을 큰 소리로 읽고, 그림과 함께 뜻을 생각해 보세요.

이월
두 이 + 달 월

이중
창문이 이중으로 되어 있네.
두 이 + 겹 중

이십
두 이 + 열 십

일석이조
한 일 + 돌 석 + 두 이 + 새 조

○ 이미 알고 있는 낱말에 ✓표를 하세요.

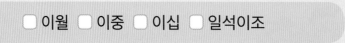
☐ 이월 ☐ 이중 ☐ 이십 ☐ 일석이조

○ 위 낱말마다 반복되는 글자를 찾아 붙임 딱지를 붙여 보세요. 붙임 딱지 붙임 딱지 활용

10 쪽

○ 다음 한자의 뜻을 생각해 보세요.

8급
二

'二'는 막대기 두 개를 옆으로 눕혀 놓은 모습을 본뜬 글자예요. 숫자가 없던 옛날엔 이렇게 숫자를 표시했기 때문이에요. 그래서 '二'는 '둘', '둘째', '두 번'이라는 뜻을 나타내지요.

○ 다음 낱말의 뜻을 알아보고, 빈칸을 채워 문장을 완성해 보세요.

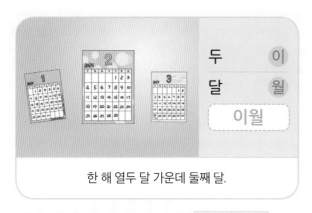

두	이
달	월

이월

한 해 열두 달 가운데 둘째 달.

• 나와 엄마의 생일은 모두 ☐☐ 이다.

창문이 이중으로 되어 있네.

두	이
겹	중

이중

두 겹.

• 창문이 ☐☐ 으로 되어 있어 바람을 잘 막아 준다.

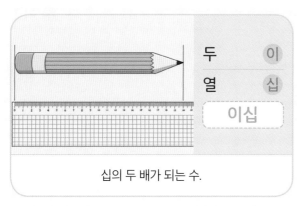

두	이
열	십

이십

십의 두 배가 되는 수.

• 이 연필은 ☐☐ 센티미터이다.

한	일
돌	석
두	이
새	조

일석이조

돌 한 개를 던져 새 두 마리를 잡는다는 뜻으로, 동시에 두 가지 이득을 봄을 이르는 말.

• 줄넘기는 건강에도 좋고 재미도 있으니 ☐☐☐☐ 다.

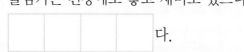 **친절한 샘** '이익을 얻는 것'을 '이득'이라고 해요.

1 빈칸에 '이'로 시작하는 알맞은 낱말을 써 보세요.   ▶ 241027-0007

1 십 — ☐☐ — 삼십 — 사십

2 일월 — ☐☐ — 삼월 — 사월

2 밑줄 친 글자의 뜻을 숫자로 나타내 보세요.   ▶ 241027-0008

이등	이십
이백	이중

☐

3 다음 문장의 빈칸에 어울리는 낱말을 선으로 이어 보세요.   ▶ 241027-0009

1 가족 여행을 하면서 추억도 쌓고 맛있는 것도
먹을 수 있어 (   )였다.   •

• ㉠ 이중

2 물건이 깨지지 않도록 비닐로 감싸고, 신문지
로 한 번 더 감싸서 (   )으로 포장했다.   •

• ㉡ 일석이조

4 밑줄 친 낱말 중 '두 이(二)'자가 들어가지 않은 낱말에 ×표를 하세요.   ▶ 241027-0010

1 올해 이월은 이십팔일까지 있다. (   )

2 엄마는 동생에게 왜 그런 말을 했는지 이유를 물으셨다. (   )

✓ 정답과 해설 7쪽

5~6 다음 글을 읽고, 물음에 답해 보세요.

> 펭귄 중 몸집이 가장 큰 펭귄은 황제펭귄이에요. 황제펭귄은 몸무게가 이십에서 오십 킬로그램, 키는 백오십 센티미터 정도이며, 주로 남극 대륙에 모여서 살아요. 암컷은 알을 낳고, 수컷에게 알을 맡긴 채 먹이를 찾아 바다로 떠나지요. 남극의 매서운 추위에서 알을 보호하기 위해 수컷 펭귄들은 발등 위에 알을 올리고, 서로의 몸을 밀착시켜 이중으로 알을 보호해요. 이렇게 하면 알을 따뜻하게 하고, 수컷 펭귄들도 추위를 견딜 수 있어 일석이조이지요.
>
> 알을 품는 두 달 동안 수컷 펭귄들은 움직일 수 없어 주위의 눈만 먹으며 지내요. 새끼가 부화한 후 돌아온 암컷 펭귄들은 배 속의 먹이를 토해 내 새끼를 먹여 키워요. 새끼들은 남극에 여름이 찾아오는 십이월부터 이월 사이가 되면 바다로 나가 먹이를 찾을 수 있을 정도로 성장하지요.

5 황제펭귄의 특징으로 알맞지 <u>않은</u> 것은 무엇인가요? (   )

241027-0011

① 암컷이 알을 품는다.
② 몸집이 가장 큰 펭귄이다.
③ 주로 남극 대륙에 모여 산다.
④ 몸무게가 이십에서 오십 킬로그램 정도이다.
⑤ 암컷은 배 속의 먹이를 토해 새끼에게 먹인다.

6 황제펭귄이 추위로부터 알을 보호하기 위해 하는 행동을 <u>두 가지</u> 고르세요. (,   )

241027-0012

① 알을 땅에 묻어 둔다.
② 발등 위에 알을 올린다.
③ 서로의 몸을 밀착시킨다.
④ 알을 품고 바다에 들어간다.
⑤ 알을 모두 모아 한곳에 둔다.

어휘 더하기 - 유일무이

오직 유 + 한 일 + 없을 무 + 두 이

세상에 단 하나뿐인 목도리를 만들어 선물해야지.

둘이 아니고 오직 하나뿐이라는 것을 이르는 말.

내가 만든 목도리는 [   ][   ][   ][   ] 하다.

人 사람 **인** 이 들어간 어휘

○ 다음 한자의 뜻과 소리를 따라 써 보세요.

人   사람 인

뜻   소리

○ 다음 낱말을 큰 소리로 읽고, 그림과 함께 뜻을 생각해 보세요.

인기

사람 인 + 기운 기

인물

사람 인 + 만물 물

인간

사람 인 + 사이 간

연예인

펼칠 연 + 재주 예 + 사람 인

○ 이미 알고 있는 낱말에 ✓표를 하세요.

☐ 인기 ☐ 인물 ☐ 인간 ☐ 연예인

○ 위 낱말마다 반복되는 글자를 찾아 붙임 딱지를 붙여 보세요.

붙임 딱지

붙임 딱지 l 활용

◎ 다음 한자의 뜻을 생각해 보세요.

人

8급

사람이 팔을 내리고 옆으로 서 있는 모습을 본떠 만든
글자로, '사람'이나 '인간'이라는 뜻의 한자예요.

◎ 다음 낱말의 뜻을 알아보고, 빈칸을 채워 문장을 완성해 보세요.

| 사람 | 인 |
| 기운 | 기 |

인기

어떤 대상에 쏠리는 여러 사람의
높은 관심이나 좋아하는 기운.

• 그 가수는 [ ][ ] 가 매우 많다.

| 사람 | 인 |
| 만물 | 물 |

인물

일정한 상황에서 어떤 역할을 하는 사람.

• 피노키오는 동화 속 [ ][ ] 이다.

| 사람 | 인 |
| 사이 | 간 |

인간

생각을 하고 언어를 사용하며,
도구를 만들어 쓰고 사회를 이루어 사는 동물. 사람.

• [ ][ ] 은 언어를 사용하여 의사소통
할 수 있다.

펼칠	연
재주	예
사람	인

연예인

연예에 종사하는
배우, 가수, 무용가 등을 통틀어 이르는 말.

• 내가 좋아하는 [ ][ ][ ] 이
드라마 촬영을 하고 있었다.

🖐️ 친절한 쌤 '청소 도구'와 같이 '일을 할 때 사용하는 물건'을
'도구'라고 해요.

🖐️ 친절한 쌤 '연예'는 '대중 앞에서 음악, 무용, 만담, 마술, 쇼
따위를 공연함. 또는 그런 재주'를 뜻해요.

人 사람 인

1 다음 낱말의 뜻을 알맞게 선으로 이어 보세요.   ▶ 241027-0013

1 인물 •

2 인기 •

3 연예인 •

• ㉠ 연예에 종사하는 배우, 가수, 무용가 등을 통틀어 이르는 말.

• ㉡ 일정한 상황에서 어떤 역할을 하는 사람.

• ㉢ 어떤 대상에 쏠리는 여러 사람의 높은 관심이나 좋아하는 기운.

2 빈칸에 공통으로 들어갈 알맞은 낱말에 ○표를 하세요.   ▶ 241027-0014

- 진호는 성격이 좋아 친구들 사이에서 [   ]가 많다.
- 우리 집 앞 음식점은 [   ]가 많아 손님들이 줄을 선다.

1 인기 (   )   2 인물 (   )   3 인구 (   )

3 다음 문장에 들어갈 알맞은 낱말에 ○표를 하세요.   ▶ 241027-0015

1 우리나라 드라마가 외국인들에게도 (인기, 인정)를 끌고 있다.

2 이야기 속에 등장하는 (인물, 인원)의 말이 인상 깊었다.

4 밑줄 친 글자의 뜻으로 알맞은 것은 무엇인가요? (   )   ▶ 241027-0016

등장인물	주인공	인류	인종

① 동물   ② 사물   ③ 식물

④ 사람   ⑤ 인기

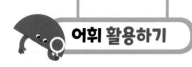 **어휘 활용하기**

✓ 정답과 해설 8쪽

5~6 다음 글을 읽고, 물음에 답해 보세요.

길이 여러 갈래로 어지럽게 얽혀 있어서, 들어가면 나오는 길을 쉽게 찾을 수 없는 곳을 미로라고 해요. 미로는 그리스 신화에 나오는 인물 중 하나인 미노스왕의 이야기에서 시작되지요. 미노스왕은 그리스의 남쪽 섬인 크레타의 왕이었어요. 제우스신을 화나게 한 미노스의 왕비가 반인반수인 미노타우로스를 낳았어요. 미노타우로스는 머리와 꼬리는 황소의 모습을 하고 몸은 인간의 모습을 하고 있었지요. 미노스는 이런 미노타우로스를 숨기고 싶었어요. 그래서 당시 최고의 건축가에게 빠져나올 수 없는 미로가 있는 궁전을 짓게 하였어요. 미노스왕은 이 미로 궁전에 미노타우로스를 가두어 나오지 못하게 하였지요. 이런 이야기가 전해 내려오는 그리스의 크레타섬은 지금도 사람들에게 인기 있는 관광지 중 하나예요.

🖐️ **친절한 샘** '반은 인간이고 반은 짐승인 괴물'을 '반인반수'라고 해요.

5 미노타우로스의 모습에 대한 설명으로 빈칸에 들어갈 알맞은 말을 글에서 찾아 쓰세요.

▶ 241027-0017

> 머리와 꼬리는 **1** ◻◻◻◻ 의 모습을 하고 몸은 **2** ◻◻◻◻ 의 모습이었다.

1 (   )   **2** (   )

6 미노스왕이 건축가에게 미로 궁전을 짓게 한 이유는 무엇인가요? (   )

▶ 241027-0018

① 왕비를 벌주려고   ② 잘못한 사람을 가두려고
③ 미노타우로스를 숨기려고   ④ 아무도 못 찾는 곳에 가고 싶어서
⑤ 세계 최고의 건축물을 짓고 싶어서

어휘 더하기 - 팔방미인

여덟 팔 + 모 방 + 아름다울 미 + 사람 인

(소은이는 못하는 게 없네.)

어느 모로 보나 아름다운 사람, 여러 방면을 고루 잘하는 사람을 비유적으로 이르는 말.

소은이는 공부도 운동도 잘하는 ◻◻◻◻ 이다.

日 날 일 이 들어간 어휘

○ 다음 한자의 뜻과 소리를 따라 써 보세요.

날 일
뜻   소리

○ 다음 낱말을 큰 소리로 읽고, 그림과 함께 뜻을 생각해 보세요.

요일

빛날 요 + 날 일

매일

매번 매 + 날 일

일기

날 일 + 기록할 기

기념일

엄마, 아빠의 결혼 기념일을 축하 드려요!

실마리 기 + 생각할 념 + 날 일

○ 이미 알고 있는 낱말에 ✓표를 하세요.

◻ 요일   ◻ 매일   ◻ 일기   ◻ 기념일

○ 위 낱말마다 반복되는 글자를 찾아 붙임 딱지를 붙여 보세요.

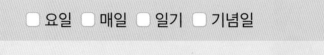

붙임 딱지

붙임 딱지1 활용

◎ 다음 한자의 뜻을 생각해 보세요.

日 **8급**

태양의 빛이 사방으로 뻗어 나가는 모습을 본뜬 글자로 '日'은 태양과 관련된 '날', '해', '낮' 등의 뜻이 있어요.

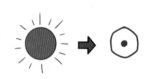

◎ 다음 낱말의 뜻을 알아보고, 빈칸을 채워 문장을 완성해 보세요.

빛날 **요**
날 **일**

요일

일주일의 각 날을 이르는 말.

• 오늘이 무슨 ☐☐ 이지?

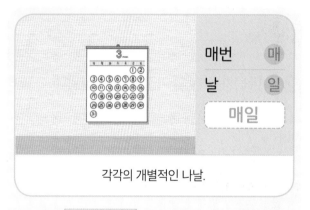

매번 **매**
날 **일**

매일

각각의 개별적인 나날.

• 나는 ☐☐ 규칙적으로 운동을 한다.

날 **일**
기록할 **기**

일기

날마다 그날그날 겪은 일이나 생각, 느낌 따위를 적는 개인의 기록.

• 나는 잠들기 전에 매일 ☐☐ 를 쓴다.

친절한 샘 '어떤 사실을 적는 것'을 '기록'이라고 해요.

실마리 **기**
생각할 **념**
날 **일**

기념일

축하하거나 기릴 만한 일이 있을 때, 해마다 그 일이 있었던 날을 기억하는 날.

• 내일은 부모님의 결혼 ☐☐☐ 이다.

친절한 샘 '기릴'은 '어떤 뛰어난 업적이나 바람직한 정신, 위대한 사람 따위를 칭찬하고 기억할' 이라는 뜻이에요.

1 다음에서 설명하는 낱말을 [보기]에서 찾아 써 보세요.   ▶ 241027-0019

보기

> 매일   일기   요일   기념일

1 각각의 개별적인 나날. (   )

2 날마다 그날그날 겪은 일이나 생각, 느낌 따위를 적는 개인의 기록. (   )

3 축하하거나 기릴 만한 일이 있을 때, 해마다 그 일이 있었던 날을 기억하는 날. (   )

2 다음 문장에 들어갈 알맞은 낱말에 〇표 하세요.   ▶ 241027-0020

1 개천절은 우리나라의 건국 (명절, 기념일)로 공휴일이다.

2 나는 매일 저녁에 (일기, 편지)를 써서, 내가 겪은 일과 생각을 기록하고 있다.

3 다음 낱말과 비슷한 뜻을 가진 낱말에 〇표를 하세요.   ▶ 241027-0021

> 하루하루   맨날   나날이

1 일기 (   )   **2** 매일 (   )   **3** 내일 (   )

4 밑줄 친 부분의 뜻이 <u>다른</u> 것은 무엇인가요? (   )   ▶ 241027-0022

① 일<u>기</u>   ② 매<u>일</u>   ③ <u>일</u>주일

④ <u>일</u>요일   ⑤ 기념<u>일</u>

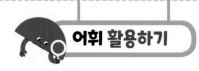
5~6 다음 글을 읽고, 물음에 답해 보세요.

> 일기는 그날 있었던 일과 그 일에 대한 자신의 생각이나 느낌을 쓴 글이에요. 매일 반복되는 일을 쓰기보다는 기억하고 싶은 중요한 일을 골라 자세하게 써요. 다른 사람에게 보여 주기 위해서 쓰는 글이 아니기 때문에 특별한 형식이 정해져 있지는 않지만, 날짜와 요일, 날씨, 겪은 일과 하고 싶은 이야기, 생각과 느낌 등의 내용이 들어가게 쓰지요. 글과 함께 기억하고 싶은 장면을 그림으로 표현할 수도 있어요.
> 일기를 쓰면 나의 하루를 되돌아볼 수 있고, 기념일과 같이 특별한 날에 있었던 일을 더 생생하게 기억할 수 있어요. 또한 생각이나 느낌을 오래 간직할 수 있고, 일어난 일에 대해 깊이 생각할 수 있지요.

5 일기를 쓰는 방법으로 알맞지 <u>않은</u> 것은 무엇인가요? (   )

▶ 241027-0023

① 중요한 일을 골라서 쓴다.
② 매일 반복되는 일을 쓴다.
③ 겪은 일에 대한 생각과 느낌을 쓴다.
④ 날짜, 요일, 날씨 등이 들어가게 쓴다.
⑤ 겪은 일에 대해 하고 싶은 이야기를 쓴다.

6 일기를 쓰면 좋은 점을 <u>두 가지</u> 고르세요. (,   )

▶ 241027-0024

① 다른 사람들의 생각을 알 수 있다.
② 미래에 일어날 일을 예상할 수 있다.
③ 있었던 일을 생생하게 기억할 수 있다.
④ 일어난 일에 대해 깊이 생각할 수 있다.
⑤ 친구들이 좋아하는 것이 무엇인지 알 수 있다.

어휘 더하기 - 일출

해 일 + 날 출

해가 뜸.

새해 첫 ☐☐ 을 보기 위해 우리는 바다로 갔다.

月

달 월이 들어간 어휘

○ 다음 한자의 뜻과 소리를 따라 써 보세요.

月 달 월

뜻   소리

○ 다음 낱말을 큰 소리로 읽고, 그림과 함께 뜻을 생각해 보세요.

월말

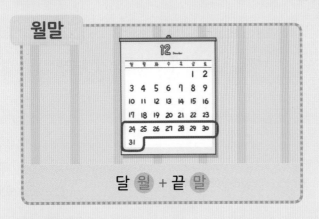

달 월 + 끝 말

세월

세월이 정말 빠르구나.

해 세 + 달 월

매월

매월 첫 번째 일요일은 쉽니다.

매번 매 + 달 월

십이월

열 십 + 두 이 + 달 월

○ 이미 알고 있는 낱말에 ✓표를 하세요.

☐ 월말 ☐ 세월 ☐ 매월 ☐ 십이월

○ 위 낱말마다 반복되는 글자를 찾아 붙임 딱지를 붙여 보세요.

붙임 딱지

붙임 딱지1 활용

룡

◎ 다음 한자의 뜻을 생각해 보세요.

月 ⁸급

'月'은 초승달의 모습을 본뜬 글자예요. '달', '세월', '한 달' 등의 뜻이 있어요.

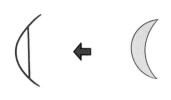

◎ 다음 낱말의 뜻을 알아보고, 빈칸을 채워 문장을 완성해 보세요.

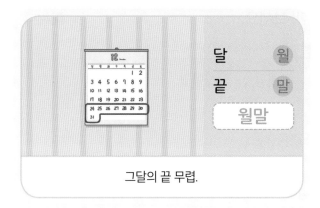

달 월
끝 말

월말

그달의 끝 무렵.

• 은행에서 일하시는 엄마는 [ ][ ] 이 되면 더욱 바쁘시다.

👆 친절한 샘 그달의 끝 무렵을 '월말', 그달의 처음 무렵을 '월초'라고 해요.

해 세
달 월

세월

흘러가는 시간.

• 옛날 사진을 보니 [ ][ ] 이 많이 지난 것이 새삼 느껴진다.

👆 친절한 샘 '세월'은 '지내는 형편이나 사정', '살아가는 세상'이라는 뜻도 있어요.

매번 매
달 월

매월

한 달 한 달.

• 그 가게는 [ ][ ] 첫 번째 일요일에 쉰다.

열 십
두 이
달 월

십이월

한 해 열두 달 가운데 맨 끝 달.

• [ ][ ][ ] 이 되니 매서운 추위가 찾아왔다.

月 달 월

1 다음 낱말의 뜻을 알맞게 선으로 이어 보세요. ▶ 241027-0025

1 월말 ·
2 세월 ·
3 매월 ·

· ㉠ 한 달 한 달.
· ㉡ 흘러가는 시간.
· ㉢ 그달의 끝 무렵.

2 빈칸에 들어갈 알맞은 낱말을 [보기]에서 찾아 써 보세요. ▶ 241027-0026

보기

| 월말 | 세월 | 매월 | 십이월 |

1 할머니의 주름에서 ☐☐ 의 흔적이 느껴졌다.

2 ☐☐☐ 이십오일은 크리스마스이다.

3 다음 낱말과 비슷한 뜻을 가진 낱말에 ○표를 하세요. ▶ 241027-0027

| 매달 | 다달이 | 달마다 |

1 월말 (   )   2 매일 (   )   3 매월 (   )

4 밑줄 친 낱말 중 '달 월(月)' 자가 사용되지 <u>않은</u> 낱말은 무엇인가요? (   ) ▶ 241027-0028

① <u>월</u>급   ② <u>월</u>초   ③ 일<u>월</u>
④ <u>월</u>드컵   ⑤ <u>월</u>요일

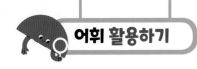

✓ 정답과 해설 9쪽

5~6 다음 글을 읽고, 물음에 답해 보세요.

우리 가족은 매월 월말이 되면 가족회의를 해요. 가족회의에서 우리 가족에게 있었던 일에 대해 이야기를 나누고, 되돌아보는 시간을 갖지요. 지난 십이월에는 가족회의에서 일 년을 되돌아보는 시간을 가졌어요. 엄마와 아빠는 올해가 결혼한 지 십 년이 된 해라서 의미 있는 한 해였다고 하셨어요. 그래서 여름에 다녀온 여행이 더 즐거웠고, 뜻깊었다고 하셨어요. 엄마는 내가 이만큼 커서 초등학교에 들어간 것이 신기하기도 하고, 새삼 세월이 많이 흘렀다는 것을 느꼈다고 하셨지요. 부모님께서는 올해 나에게 가장 기억에 남는 순간이 언제인지 물으셨어요. 나는 올해 처음 학교에 가던 날을 이야기했어요. 너무 긴장되어서 입학 전날 밤에 잠도 설쳤지요. 이렇게 올 한 해를 되돌아보니 엄마, 아빠, 나 우리 세 식구가 즐겁고 건강하게 한 해를 보낸 것이 감사하다는 생각이 들었어요.

5 글쓴이의 가족은 매월 월말에 무엇을 하나요? (   )

▶ 241027-0029

① 외식을 한다.　　　　　② 가족회의를 한다.　　　　　③ 가족 여행을 간다.

④ 가족 신문을 만든다.　　⑤ 할머니, 할아버지 댁에 방문한다.

6 윗글의 내용으로 알맞지 <u>않은</u> 것은 무엇인가요? (   )

▶ 241027-0030

① 한 달에 한 번 가족회의를 한다.　　　　　② 나는 올해 초등학교에 입학했다.

③ 여름에는 가족 여행을 다녀왔다.　　　　　④ 올해는 부모님이 결혼한 지 십 년이 된 해였다.

⑤ 우리 가족은 일 년에 한 번 해외여행을 가기로 했다.

어휘 더하기 – 일취월장

날 일 + 나아갈 취 + 달 월 + 나아갈 장

나날이 다달이 자라거나 발전한다는 것을 이르는 말.

매일 피아노를 연습했더니 나의 연주 실력이

했다.

1 낱말의 뜻을 [보기]에서 찾아 기호로 써 보세요.　241027-0031

> [보기]
>
> ㉠ 그달의 끝 무렵.　　㉡ 각각의 개별적인 나날.
> ㉢ 어떤 대상에 쏠리는 여러 사람의 높은 관심이나 좋아하는 기운.

1 매일 (　　　　)　　　2 월말 (　　　　)　　　3 인기 (　　　　)

2 다음 낱말들과 관계 있는 낱말을 [보기]에서 찾아 써 보세요.　241027-0032

> [보기]
>
> 일주일　　　기념일　　　십이월　　　일석이조

1 생일, 개천절, 삼일절; (　　　　　　　　)

2 월요일, 화요일, 수요일, 목요일, 금요일, 토요일, 일요일; (　　　　　　　　)

3 빈칸에 들어갈 알맞은 낱말을 [보기]에서 찾아 써 보세요.　241027-0033

> [보기]
>
> 일기　　　월말　　　일등　　　인물

1 대회에서 (　　　　　　　)을 해서 엄마가 매우 기뻐하셨다.

2 우리 가족은 (　　　　　　　)에 할머니가 계신 시골에 간다.

4 다음 그림과 뜻에 알맞은 낱말을 써 보세요.　241027-0034

> [뜻]
>
> 돌 한 개를 던져 새 두 마리를 잡는다는 뜻으로, 동시에 두 가지 이득을 봄을 이르는 말.

◎ 사다리를 타고 만나는 글자로 만들어진 낱말을 쓰고, 그 뜻으로 알맞은 것에 ○표 하세요.

일	인	인	매	일

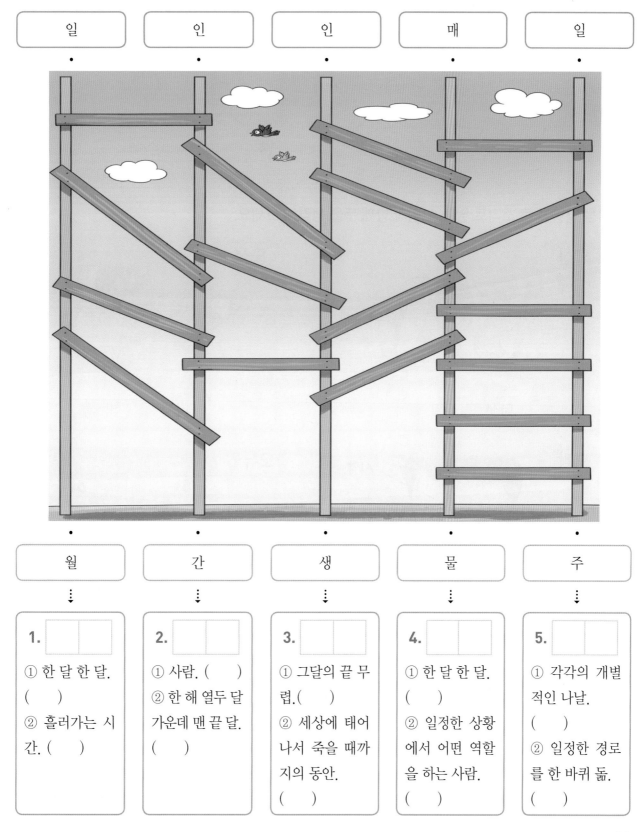

월	간	생	물	주

1. ☐☐
① 한 달 한 달. ( )
② 흘러가는 시간. ( )

2. ☐☐
① 사람. ( )
② 한 해 열두 달 가운데 맨 끝 달. ( )

3. ☐☐
① 그달의 끝 무렵. ( )
② 세상에 태어나서 죽을 때까지의 동안. ( )

4. ☐☐
① 한 달 한 달. ( )
② 일정한 상황에서 어떤 역할을 하는 사람. ( )

5. ☐☐
① 각각의 개별적인 나날. ( )
② 일정한 경로를 한 바퀴 돎. ( )

五 다섯 오가 들어간 어휘

○ 다음 한자의 뜻과 소리를 따라 써 보세요.

五   다섯 오
         뜻   소리

○ 다음 낱말을 큰 소리로 읽고, 그림과 함께 뜻을 생각해 보세요.

오십

다섯 오 + 열 십

오색

다섯 오 + 빛 색

오감

시각
청각
후각
미각
촉각

다섯 오 + 느낄 감

오뉴월

다섯 오 + 여섯 육 + 달 월

○ 이미 알고 있는 낱말에 ✓표를 하세요.

☐ 오십 ☐ 오색 ☐ 오감 ☐ 오뉴월

○ 위 낱말마다 반복되는 글자를 찾아 붙임 딱지를 붙여 보세요.   붙임 딱지   붙임 딱지1 활용

五

어휘 익히기

◉ 다음 한자의 뜻을 생각해 보세요.

五 8급

옛날에는 막대기를 엇갈리게 놓아 숫자 '5'를 표현했어요.
그래서 '五'는 '다섯'이나 '다섯 번'이라는 뜻이에요.

◉ 다음 낱말의 뜻을 알아보고, 빈칸을 채워 문장을 완성해 보세요.

| 다섯 | 오 |
| 열 | 십 |

오십

십의 다섯 배가 되는 수.

• 이 건물은 ☐☐ 년 전에 세워졌다.

| 다섯 | 오 |
| 빛 | 색 |

오색

파랑, 노랑, 빨강, 하양, 검정의 다섯 가지 빛깔.
여러 가지 빛깔

• ☐☐ 물감으로 무엇을 그릴지 생각해 보았다.

| 다섯 | 오 |
| 느낄 | 감 |

오감

시각, 청각, 후각, 미각, 촉각의 다섯 가지 감각.

• 나는 ☐☐ 중에서 특히 후각이 예민하다.

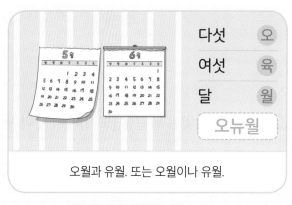

다섯	오
여섯	육
달	월

오뉴월

오월과 유월. 또는 오월이나 유월.

• 그들은 ☐☐☐ 뙤약볕 아래서 땀을 흘리며 일했다.

👆 **친절한 샘** '오육월'보다 '오뉴월'이 소리 내기 편하고 더 널리 쓰이기 때문에 '오뉴월'이라고 써요.

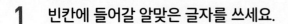

어휘 다지기 6 五 다섯 **오**

1 빈칸에 들어갈 알맞은 글자를 쓰세요.　241027-0035

　1　50 → ☐ 십

　2　시각, 청각, 후각, 미각, 촉각의 다섯 가지 감각. → ☐ 감

2 다음 뜻을 가진 낱말에 ○표를 하세요.　241027-0036

> 오월과 유월. 또는 오월이나 유월.

　1　오색 (　　　)　　2　오뉴월 (　　　)　　3　육칠월 (　　　)

3 다음 낱말의 밑줄 친 글자의 뜻은 무엇인가요? (　　　)　241027-0037

> <u>오</u>십　　<u>오</u>색　　<u>오</u>감　　<u>오</u>뉴월

① 셋　　　② 넷　　　③ 다섯　　　④ 여섯　　　⑤ 일곱

4 빈칸에 알맞은 낱말을 [보기]에서 찾아 써 보세요.　241027-0038

> **보기**
> 오십　　오감　　오색

　1　우리 마을 입구에는 ☐☐ 년 된 나무가 있다.

　2　☐☐ 중에서 귀로 소리를 듣는 것을 청각이라고 한다.

5~6 다음 글을 읽고, 물음에 답해 보세요.

> 작년 한 해 우리 가족은 제주도에서 지냈어요. 우리 가족은 제주의 매력에 푹 빠졌지요. 잠깐 여행을 왔다가 갔을 때와는 달리, 제주도에서 일 년이라는 시간을 보내니 제주의 봄, 여름, 가을, 겨울을 모두 만끽할 수 있어서 행복했어요.
>
> 오뉴월에 피기 시작한 수국이 제주 곳곳을 물들였을 때를 잊을 수 없어요. 오색찬란한 빛깔의 수국이 만개하니 제주 전체가 알록달록한 물감으로 칠해진 것 같았어요. 또 인상 깊었던 것은 한라산의 사계절이에요. 제주도의 중심에 자리하고 있는 약 천구백오십 미터의 한라산은 갈 때마다 색다른 모습을 보여 주었지요. 한라산에서 본 가을 단풍과 겨울의 눈꽃은 그림 같은 풍경이었어요. 풍경뿐 아니라 맛있는 음식들도 나를 행복하게 만들었어요. 싱싱한 해산물로 만든 요리부터 제철 과일들까지, 정말 오감을 만족시킨 제주도에서의 일 년이었어요.

5 글쓴이의 가족이 작년에 어디에서 지냈는지 세 글자로 쓰세요.

▶ 241027-0039

6 윗글에서 알 수 있는 내용으로 알맞은 것에 ○표를 하세요.

▶ 241027-0040

1 글쓴이네 가족은 한라산의 정상까지 올라갔다. (   )

2 글쓴이는 제주도 바다에서 직접 해산물을 잡았다. (   )

3 글쓴이는 제주도에서 지내는 시간을 행복하다고 느꼈다. (   )

어휘 더하기 - 오십보백보

다섯 오 + 열 십 + 걸음 보 + 일백 백 + 걸음 보

나 잡아 봐라!

오십보백보거든? 곧 따라잡을 거야.

오십 걸음을 도망치나 백 걸음을 도망치나 큰 차이가 없다는 말로, 약간 더 못나고 잘난 차이는 있지만 결국 비슷하다는 것을 이르는 말.

달리기 실력은 나나 내 동생이나

였다.

◎ 다음 한자의 뜻과 소리를 따라 써 보세요.

王   임금 왕
        뜻   소리

◎ 다음 낱말을 큰 소리로 읽고, 그림과 함께 뜻을 생각해 보세요.

왕자

임금 왕 + 아들 자

왕실

임금 왕 + 집 실

대왕

큰 대 + 임금 왕

왕중왕

올해의 왕중왕은?

임금 왕 + 가운데 중 + 임금 왕

○ 이미 알고 있는 낱말에 ✓표를 하세요.

☐ 왕자 ☐ 왕실 ☐ 대왕 ☐ 왕중왕

○ 위 낱말마다 반복되는 글자를 찾아 붙임 딱지를 붙여 보세요.   붙임 딱지   붙임 딱지 l 활용

융

◉ 다음 한자의 뜻을 생각해 보세요.

王 8급

'王'은 도끼를 세워 놓은 모습을 본뜬 글자예요. 도끼는 힘이나 권력을 상징하던 물건으로 '王'은 '임금', '으뜸'의 뜻이 있어요.

◉ 다음 낱말의 뜻을 알아보고, 빈칸을 채워 문장을 완성해 보세요.

| 임금 | 왕 |
| 아들 | 자 |

왕자

임금의 아들.

• 임금이 죽자 어린 ☐☐ 가 왕이 되었다.

| 임금 | 왕 |
| 집 | 실 |

왕실

임금의 집안.

• 박물관에서 ☐☐ 의 중요 행사를 그린 작품을 보았다.

| 큰 | 대 |
| 임금 | 왕 |

대왕

훌륭하고 뛰어난 임금을 높여 이르는 말.

• 세종 ☐☐ 은 한글을 만들었다.

임금	왕
가운데	중
임금	왕

왕중왕

어떤 분야나 방면에서 최고 중의 최고.

• 노래 경연 대회 우승자들이 무대에 모여 ☐☐☐ 전을 벌였다.

👆친절한 샘 '대왕'은 '옛날의 임금(선왕)'을 높여 이르는 말로 사용되기도 해요.

👆친절한 샘 '경연'은 개인이나 단체가 모여 예술, 기능 따위의 실력을 겨루는 것을 말해요.

1 빈칸에 들어갈 알맞은 글자를 쓰세요. ▶ 241027-0041

1 임금의 아들. → ▢ 자

2 임금의 집안. → ▢ 실

2 다음 뜻을 가진 낱말에 ○표를 하세요. ▶ 241027-0042

> 어떤 분야나 방면에서 최고 중의 최고.

1 왕비 (　　) **2** 왕실 (　　) **3** 왕중왕 (　　)

3 빈칸에 들어갈 알맞은 낱말을 쓰세요. ▶ 241027-0043

세종 ▢▢

4 밑줄 친 글자 중 '임금 왕(王)' 자가 사용되지 <u>않은</u> 낱말은 무엇인가요? (　　) ▶ 241027-0044

① <u>왕</u>족　　② <u>왕</u>비　　③ 선<u>왕</u>
④ <u>왕</u>개미　　⑤ 우<u>왕</u>좌<u>왕</u>

✓ 정답과 해설 10쪽

5~6 다음 글을 읽고, 물음에 답해 보세요.

세종 대왕은 우리나라 사람들이 가장 존경하는 인물 중 한 명이에요. 1397년에 태종 이방원의 셋째 아들로 태어난 세종은 왕자일 때에 충녕 대군이라고 불렸어요. 세종의 큰형이었던 양녕 대군은 왕실 생활에 잘 적응하지 못했어요. 그래서 어릴 때부터 독서와 공부를 열심히 하던 세종이 왕의 자리에 오르게 되었지요. 세종은 학자들이 마음껏 학문을 연구할 수 있도록 집현전을 설치했어요. 집현전의 학자들은 학문을 연구해 나라 발전에 큰 도움이 되었어요. 그리고 세종은 백성들이 글을 몰라서 억울한 일을 당하는 현실을 안타까워하며 한글을 만들었어요. 그 밖에 나라의 다양한 제도들도 정비하고, 과학 기술의 발전을 위해 노력하는 등 백성들을 위한 일에 평생을 바쳤어요. 사람들은 이런 세종 대왕을 조선의 왕중왕으로 여기지요.

5 세종 대왕에 대한 설명으로 알맞은 것에 <u>모두</u> ○표를 하세요.　▶ 241027-0045

　❶ 태종 이방원의 첫째 아들로 태어났다. (　　　　)

　❷ 왕자일 때에는 충녕 대군이라고 불렸다. (　　　　)

　❸ 어릴 때부터 독서와 공부를 열심히 했다. (　　　　)

6 세종 대왕이 한 일로 알맞지 <u>않은</u> 것은 무엇인가요? (　　　　)　▶ 241027-0046

　① 한글을 만들었다.　　　　　　　② 집현전을 없앴다.

　③ 나라의 다양한 제도를 정비했다.　④ 과학 기술의 발전을 위해 노력했다.

　⑤ 학자들이 학문을 연구할 수 있도록 해 주었다.

어휘 더하기 - 왕관

임금 왕 + 갓 관

임금이 머리에 쓰는 관. 운동 경기나 미인 대회 따위에서, 일인자로 뽑힌 사람에게 명예로 쓰게 하는 관.

왕이 황금으로 만든 [　][　]을 쓰고 의자에 앉아 있다.

先 먼저 **선** 이 들어간 어휘

○ 다음 한자의 뜻과 소리를 따라 써 보세요.

先 먼저 선
뜻   소리

○ 다음 낱말을 큰 소리로 읽고, 그림과 함께 뜻을 생각해 보세요.

선생

먼저 선 + 날 생

우선

노약자 우선!

어조사 우 + 먼저 선

선배

먼저 선 + 무리 배

솔선수범

거느릴 솔 + 먼저 선 + 드리울 수 + 법 범

○ 이미 알고 있는 낱말에 ✓표를 하세요.

☐ 선생 ☐ 우선 ☐ 선배 ☐ 솔선수범

○ 위 낱말마다 반복되는 글자를 찾아 붙임 딱지를 붙여 보세요.

붙임
딱지

붙임 딱지 | 활용

어휘 익히기

● 다음 한자의 뜻을 생각해 보세요.

8급

先

'先'은 어떤 사람보다 한발 앞서 나간 사람의 발자국을 표현한 글자예요. 그래서 '先'은 '먼저', '미리'라는 뜻이지요.

● 다음 낱말의 뜻을 알아보고, 빈칸을 채워 문장을 완성해 보세요.

먼저 **선**
날 **생**

선생

학생을 가르치는 사람.

• 우리 아빠는 고등학교 국어 ☐☐님

이시다.

노약자 우선!

어조사 **우**
먼저 **선**

우선

어떤 일에 앞서서.

• 지하철에서는 노약자가 ☐☐ 앉을

수 있도록 배려하고 있다.

먼저 **선**
무리 **배**

선배

같은 분야에서, 지위나 나이·학예 따위가
자기보다 많거나 앞선 사람.

• 우리 학교를 졸업한 ☐☐들이

학교를 방문했다.

거느릴 **솔**
먼저 **선**
드리울 **수**
법 **범**

솔선수범

남보다 앞장서 행동해서 몸소 다른 사람의 본보기가 됨.

• 지혜는 모든 일에 ☐☐☐☐

하는 학생이다.

👆 **친절한 샘** '학예'는 학문과 예능을 통틀어 이르는 말이에요.

👆 **친절한 샘** '본보기'는 '본을 받을 만한 대상.'이라는 뜻이에요.

1 다음 낱말의 밑줄 친 글자의 뜻은 무엇인가요? (   )   ▶ 241027-0047

> 선생   선배   우선   솔선수범

① 나중   ② 먼저   ③ 묻다   ④ 착하다   ⑤ 가르치다

2 빈칸에 공통으로 들어갈 알맞은 낱말에 〇표를 하세요.   ▶ 241027-0048

> • 민주는 환경을 생각하는 일에 ☐☐☐☐☐하는 학생이다.
> • 형인 네가 ☐☐☐☐☐을 해야 동생이 보고 배우지 않겠니?

1 우선 (   )   **2** 선생님 (   )   **3** 솔선수범 (   )

3 다음 낱말의 뜻을 알맞게 선으로 이어 보세요.   ▶ 241027-0049

1 우선 •   • ㉠ 어떤 일에 앞서서.

2 선배 •   • ㉡ 학생을 가르치는 사람.

3 선생 •   • ㉢ 같은 분야에서, 지위나 나이·학예 따위가 자기보다 많거나 앞선 사람.

4 빈칸에 알맞은 낱말을 [보기]에서 찾아 써 보세요.   ▶ 241027-0050

> **보기**
>
> 우선   선생   선배

1 나와 같은 초등학교를 졸업한 우리 언니는 나의 ☐☐ 이다.

2 몸이 아프면 ☐☐ 병원에 가서 진료를 받는다.

✅ 정답과 해설 11쪽

[5~6] 다음 글을 읽고, 물음에 답해 보세요.

> 우리 담임 선생님은 우리 학교 졸업생이에요. 그래서 우리 선생님이기도 하지만 선배님이지요. 선생님은 우리 학교 졸업생이라는 것이 자랑스럽다고 하셨어요. 우리 학교는 1950년대에 생겨 아주 오랜 역사를 가지고 있어요. 그래서 우리 학교 출신 선배 중에 훌륭한 사람들도 많아요. 꿈을 이루어 다양한 분야에서 이름을 빛내고 있는 선배들의 얘기를 듣고, 우리 학교가 자랑스럽게 느껴졌고, 나도 그런 사람이 되어야겠다고 다짐했어요. 선생님께서는 훌륭한 사람이 되기 위해서 우선 다른 사람들을 배려하고 존중할 줄 알아야 한다고 하셨지요. 친구들과 사이좋게 지내고, 도움이 필요한 친구를 먼저 도와주며 솔선수범하는 사람이 되어야 한다고 강조하셨어요. 그리고 내가 좋아하는 것과 잘하는 것이 무엇인지 찾으며 매일 즐겁게 생활해야 한다고 말씀하셨어요. 선생님의 말씀을 마음에 새기고 멋진 사람이 되기 위해 노력해야겠어요.

5 윗글의 내용으로 알맞은 것에 ○표를 하세요.

241027-0051

1️⃣ 선생님의 원래 꿈은 의사였다. (   )

2️⃣ 선생님은 우리 학교 졸업생이다. (   )

3️⃣ 우리 학교는 생긴 지 오래 되지 않았다. (   )

6 선생님이 말씀하신 내용으로 알맞은 것은 무엇인가요? (   )

241027-0052

① 책을 많이 읽자.　　　　② 운동을 많이 하자.　　　　③ 계획을 세워 실천하자.

④ 부지런한 사람이 되자.　　⑤ 솔선수범하는 사람이 되자.

어휘 더하기 - 선착순

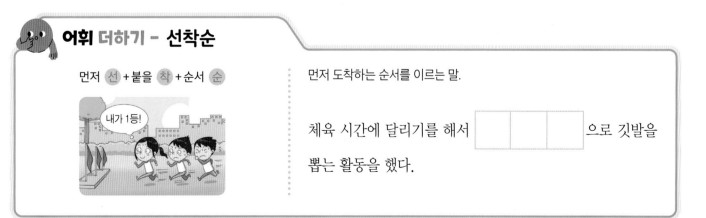

먼저 선 + 붙을 착 + 순서 순

내가 1등!

먼저 도착하는 순서를 이르는 말.

체육 시간에 달리기를 해서 [   ][   ][   ]으로 깃발을

뽑는 활동을 했다.

生 날 **생** 이 들어간 어휘

◉ 다음 한자의 뜻과 소리를 따라 써 보세요.

生 날 생
뜻 소리

◉ 다음 낱말을 큰 소리로 읽고, 그림과 함께 뜻을 생각해 보세요.

생일

날 생 + 날 일

발생

필 발 + 날 생

학생

배울 학 + 날 생

일생일대

이건 일생일대의 기회야!

한 일 + 날 생 + 한 일 + 큰 대

○ 이미 알고 있는 낱말에 ✓표를 하세요.

☐ 생일 ☐ 발생 ☐ 학생 ☐ 일생일대

○ 위 낱말마다 반복되는 글자를 찾아 붙임 딱지를 붙여 보세요. 붙임 딱지 붙임 딱지 활용

어휘 익히기

● 다음 한자의 뜻을 생각해 보세요.

生 8급

'生'은 땅 위로 새싹이 돋아나는 모습을 본뜬 글자예요. 새싹은 새로운 생명을 나타내요. 그래서 '生'은 '태어나다.', '살다.' 등의 뜻이 있어요.

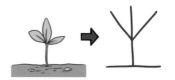

● 다음 낱말의 뜻을 알아보고, 빈칸을 채워 문장을 완성해 보세요.

날 생
날 일
생일

세상에 태어난 날.
또는 태어난 날을 기념하는 해마다의 그날.

• 다음 주 금요일은 내 ☐☐ 이라서

가족들이 모두 모이기로 했다.

필 발
날 생
발생

어떤 일이나 사물이 생겨남.

• 어제저녁 시내의 한 건물에서 화재가

☐☐ 했다.

배울 학
날 생
학생

배우는 사람.

• 교실에는 공부하고 있는 ☐☐ 이

있다.

👆 **친절한 샘** 여기서 '생'은 '사람'이라는 뜻으로 사용되었어요.

이건 일생일대의 기회야!

한 일
날 생
한 일
큰 대
일생일대

일생을 통하여 가장 중요함을 이르는 말.

• 지금이 나의 ☐☐☐☐ 의

기회다.

👆 **친절한 샘** 여기서 '생'은 '살다'라는 뜻으로 사용되었어요.

어휘 다지기 9 生 날 생

1 다음 빈칸에 공통으로 들어갈 낱말을 쓰세요.

▶ 241027-0053

우리 반에는 여 □□ 이 10명, 남 □□ 이 11명 있다.

□□

2 다음 낱말의 뜻을 알맞게 선으로 이어 보세요.

▶ 241027-0054

1 발생 •

2 생일 •

3 일생일대 •

• ㉠ 어떤 일이나 사물이 생겨남.

• ㉡ 일생을 통하여 가장 중요함을 이르는 말.

• ㉢ 세상에 태어난 날. 또는 태어난 날을 기념하는 해마다의 그날.

3 빈칸에 들어갈 알맞은 낱말에 ○표를 하세요.

▶ 241027-0055

1 지난주 일요일은 내 동생의 (생일, 일생)이었다.

2 지하철역의 에스컬레이터가 낡아 사고가 (고생, 발생)했다.

4 다음 밑줄 친 글자의 뜻으로 알맞은 것은 무엇인가요? (   )

▶ 241027-0056

그녀는 5년 동안 그림에만 집중하여 일생일대의 작품을 완성했다.

① 살다   ② 그리다   ③ 생기다

④ 만들다   ⑤ 생각하다

[5~6] **다음 글을 읽고, 물음에 답해 보세요.**

> 우리나라 최초의 여자 비행사인 권기옥은 가난한 집에서 태어났어요. 공장에 다니며 돈을 벌고 집안일을 하며 매일 고생했지요. 공부하고 싶은 마음을 포기하지 않은 권기옥은 결국 학교에 다니게 되었어요. 일본에 나라를 빼앗긴 우리나라의 상황에 대해 배우면서 일본과 맞서 싸우겠다는 마음을 먹었어요. 평양 숭의여학교에 다니던 때에 3·1운동에 참여해 감옥에 갔다가 고문을 받고, 후유증이 발생해 6개월 만에 감옥에서 나오기도 하였어요. 그러던 중 권기옥은 우연히 비행기를 보게 되고, 비행사가 되어 일본의 황제가 있는 궁을 폭파하겠다는 일생일대의 꿈을 꾸게 되었어요. 비행 학교는 원래 여학생을 받지 않았지만, 먼 곳에서 홀로 찾아온 열정에 권기옥을 받아 주었지요. 혹독한 비행 훈련을 해낸 권기옥은 1년 2개월 만에 비행 학교를 졸업했어요. 이후 권기옥은 비행사로서 군에 들어가 일본과 싸울 방법을 찾아 끊임없이 노력하였어요. 군에서 나와서도 나라를 되찾기 위한 노력을 멈추지 않았던 권기옥은 결국 대한민국의 광복을 맞이할 수 있었어요.

5 권기옥의 꿈으로 알맞은 것에 ○표를 하세요.

▶ 241027-0057

1 아이를 기르는 어머니 (   )

2 독립운동을 하는 비행사 (   )

3 비행 학교에서 비행을 가르치는 선생님 (   )

6 권기옥에 대한 설명으로 알맞지 **않은** 것은 무엇인가요? (   )

▶ 241027-0058

① 감옥살이를 했다.   ② 3·1운동에 참여했다.   ③ 가난한 집에서 태어났다.

④ 평생 학교에 다니지 못했다.   ⑤ 비행사가 되어 군에 들어갔다.

어휘 더하기 - 생태계

날 생 +모양 태 +이을 계

어느 환경 안에서 사는 생물군과 그 생물들에게 영향을 주는 환경을 통틀어 이르는 말.

사람들의 무관심으로 [   ][   ][   ] 가 파괴되고 있다.

◎ 다음 한자의 뜻과 소리를 따라 써 보세요.

길 장
뜻 소리

◎ 다음 낱말을 큰 소리로 읽고, 그림과 함께 뜻을 생각해 보세요.

장신

길 장 + 몸 신

장단점

나는 뭐든지 빠르게 해내는 것이 장점이야.

나는 빨리 하다가 가끔 실수하는 게 단점이야.

길 장 + 짧을 단 + 점 점

성장

이룰 성 + 길 장

장거리

42.195 km

길 장 + 떨어질 거 + 떠날 리

○ 이미 알고 있는 낱말에 ✓표를 하세요.

▢ 장신 ▢ 장단점 ▢ 성장 ▢ 장거리

○ 위 낱말마다 반복되는 글자를 찾아 붙임 딱지를 붙여 보세요.   붙임 딱지   붙임 딱지 활용

어휘
익히기

◉ 다음 한자의 뜻을 생각해 보세요.

長 8급

'長'은 머리카락이 긴 노인이 서 있는 모습을 본뜬 글자로, '길다', '우두머리', '어른'이라는 뜻이 있지요.

◉ 다음 낱말의 뜻을 알아보고, 빈칸을 채워 문장을 완성해 보세요.

길 장
몸 신
장신

키가 큰 몸.

• 신체 조건이 중요한 직업인 운동선수 중에는 　　　 이 많다.

길 장
짧을 단
점 점
장단점

좋은 점과 나쁜 점.

• 모든 성격에는 　　　 이 있다.

이룰 성
길 장
성장

사람이나 동물이 자라서 점점 커지거나 성숙해지는 것.

• 청소년기의 아이들은 빠르게 　　　 한다.

친절한 샘 여기서 '장'은 '자라다'라는 뜻으로 사용되었어요.

길 장
떨어질 거
떠날 리
장거리

시간이 꽤 걸리는 먼 거리.
육상에서 먼 거리를 달리는 경기.

• 마라톤은 약 40여 킬로미터를 달리는 　　　 종목이다.

친절한 샘 '육상'은 '땅 위'를 뜻하는 낱말인데, 땅 위에서 하는 각종 경기를 통틀어 말하기도 해요.

1 다음 낱말의 뜻을 알맞게 선으로 이어 보세요. 241027-0059

1 성장 •

2 장단점 •

3 장거리 •

• ㉠ 좋은 점과 나쁜 점.

• ㉡ 사람이나 동물이 자라서 점점 커지거나 성숙해지는 것.

• ㉢ 시간이 꽤 걸리는 먼 거리. 육상에서 먼 거리를 달리는 경기.

2 다음 그림을 보고, '장'이 들어가는 알맞은 낱말을 써 보세요. 241027-0060

3 빈칸에 들어갈 알맞은 낱말에 ○표를 하세요. 241027-0061

1 햇빛과 물과 공기는 식물의 (연장, 성장)을 돕는 필수 성분이다.

2 나는 외국으로 (장거리, 장단점) 여행을 해 보고 싶다.

4 다음 밑줄 친 글자의 뜻으로 알맞은 것은 무엇인가요? (   ) 241027-0062

> 모델이나 농구 선수 중에는 장신이 많다.

① 낮다   ② 길다   ③ 처음

④ 어른   ⑤ 우두머리

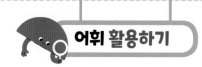

5~6 다음 글을 읽고, 물음에 답해 보세요.

바람을 가르며 달리면 마음속까지 시원해지는 기분 때문에 저는 달리기를 좋아해요. 지난 운동회에서는 반 대표로 이어달리기 종목에 나갔어요. 친구들의 응원 속에서 달리는 기분은 정말 짜릿했어요.

달리기는 거리에 따라 단거리, 중거리, 장거리로 나뉘지요. 저는 이 중에서도 긴 거리를 달리는 장거리 달리기가 가장 좋아요. 장거리 달리기에는 여러 장단점이 있지만, 꾸준히 연습할수록 뛸 수 있는 거리가 늘어나고, 달리기 실력이 성장하는 것을 느낄 수 있어요.

저는 장거리 달리기 선수가 되기 위해 여러 가지 노력을 하고 있어요. 장거리 달리기에서는 장신이 유리하기 때문에, 키가 클 수 있도록 음식을 골고루 먹고, 규칙적으로 생활하지요. 그리고 오래 달릴 수 있는 체력을 기르기 위해서 줄넘기를 꾸준히 하고 있어요.

5 글쓴이가 좋아하는 달리기의 종류로 알맞은 것에 ○표를 하세요. 241027-0063

1 단거리 (   )

2 중거리 (   )

3 장거리 (   )

6 달리기 선수가 되기 위해 글쓴이가 하는 노력을 두 가지 고르세요. (,   ) 241027-0064

① 많은 달리기 대회에 참가한다.   ② 골고루 먹고, 규칙적으로 생활한다.
③ 체력을 기르기 위해 줄넘기를 한다.   ④ 유명한 운동선수들의 위인전을 읽는다.
⑤ 달리기를 잘하는 비법이 담긴 영상을 본다.

어휘 더하기 - 일장일단

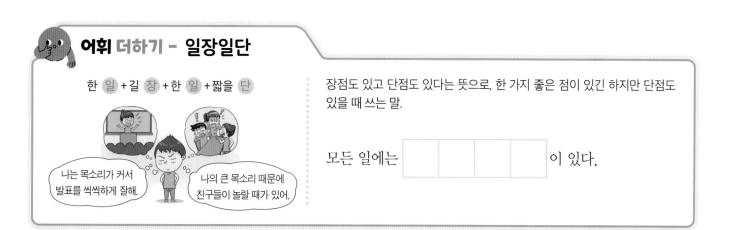

한 일 + 길 장 + 한 일 + 짧을 단

나는 목소리가 커서 발표를 씩씩하게 잘해.

나의 큰 목소리 때문에 친구들이 놀랄 때가 있어.

장점도 있고 단점도 있다는 뜻으로, 한 가지 좋은 점이 있긴 하지만 단점도 있을 때 쓰는 말.

모든 일에는 [   ][   ][   ][   ] 이 있다.

1 그림과 어울리는 낱말을 선으로 이어 보세요. ▶ 241027-0065

1 ·   · ㉠ 성장

2 ·   · ㉡ 오감

3 ·   · ㉢ 선생

2 다음 뜻을 가진 낱말을 [보기]에서 찾아 써 보세요. ▶ 241027-0066

보기

장점   장단점   일생일대

1 좋은 점과 나쁜 점: (   )

2 일생을 통하여 가장 중요함을 이르는 말: (   )

3 다음 뜻을 가진 낱말에 ○표를 하세요. ▶ 241027-0067

같은 분야에서, 지위나 나이 · 학예 따위가 자기보다 많거나 앞선 사람.

1 선배 (   )   2 학생 (   )   3 선생 (   )

4 다음 그림과 뜻에 알맞은 낱말을 써 보세요. ▶ 241027-0068

뜻

남보다 앞장서 행동해서 몸소 다른 사람의 본보기가 됨.

◎ 다음 뜻을 가진 낱말을 찾아 색칠하고, 빈칸에 알맞은 낱말을 쓰세요.

1. 오월과 유월. ☐☐☐

2. 어떤 일에 앞서서. ☐☐

3. 학생을 가르치는 사람. ☐☐

4. 훌륭하고 뛰어난 임금을 높여 이르는 말. ☐☐

5. 파랑, 노랑, 빨강, 하양, 검정의 다섯 가지 빛깔. ☐☐

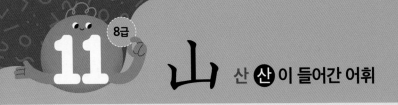
○ 다음 한자의 뜻과 소리를 따라 써 보세요.

산   산
뜻   소리

○ 다음 낱말을 큰 소리로 읽고, 그림과 함께 뜻을 생각해 보세요.

등산
오를 등 + 산 산

산사태
산 산 + 모래 사 + 미끄러질 태

화산
불 화 + 산 산

산림
산 산 + 수풀 림

○ 이미 알고 있는 낱말에 ✓표를 하세요.

☐ 등산 ☐ 산사태 ☐ 화산 ☐ 산림

○ 위 낱말마다 반복되는 글자를 찾아 붙임 딱지를 붙여 보세요.   붙임 딱지   붙임 딱지1 활용

어휘 익히기

● 다음 한자의 뜻을 생각해 보세요.

山 8급

'山'은 산봉우리 세 개가 나란히 늘어서 있는 모습을 본뜬 글자예요. '산'의 뜻을 갖고 있어요.

● 다음 낱말의 뜻을 알아보고, 빈칸을 채워 문장을 완성해 보세요.

| 오를 | 등 |
| 산 | 산 |

등산

운동, 놀이 등의 목적으로 산에 오름.

• 주말마다 뒷산으로 ☐☐ 을 간다.

산	산
모래	사
미끄러질	태

산사태

폭우나 지진 등으로 인해 산 중턱의 바윗돌이나 흙이 갑자기 무너져 내리는 현상.

• 많은 비로 ☐☐☐ 가 나서 산 아래 있는 도로가 흙 속에 파묻혔다.

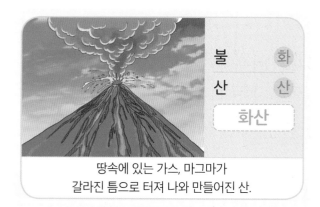

| 불 | 화 |
| 산 | 산 |

화산

땅속에 있는 가스, 마그마가 갈라진 틈으로 터져 나와 만들어진 산.

• 하와이 섬에 있는 ☐☐ 이 폭발해 사람들이 대피했다.

🖐️ 친절한 샘 '마그마'는 땅속 깊은 곳에서 돌과 바위 등이 땅 속의 열로 녹아서 흐르는 아주 뜨거운 물질을 뜻해요.

| 산 | 산 |
| 수풀 | 림 |

산림

산과 숲, 또는 산에 있는 숲.

• 울창한 ☐☐ 은 공기를 맑게 한다.

🖐️ 친절한 샘 '숲'이나 '수풀'을 '산림'이라고 해요.

1 다음 낱말의 뜻을 알맞게 선으로 이어 보세요.   241027-0069

1 등산   •   • ㉠ 산과 숲, 또는 산에 있는 숲.

2 산림   •   • ㉡ 운동, 놀이 등의 목적으로 산에 오름.

3 산사태   •   • ㉢ 폭우나 지진 등으로 인해 산 중턱의 바윗돌
                                          이나 흙이 갑자기 무너져 내리는 현상.

2 다음 그림을 보고, '산'이 들어가는 알맞은 낱말을 써 보세요.   241027-0070

3 빈칸에 들어갈 알맞은 낱말에 〇표를 하세요.   241027-0071

1 비가 많이 오거나 지진이 나면 (사막화, 산사태)가 발생할 위험이 높다.

2 산이 많은 우리나라에는 (등산, 등원)을 즐기는 사람들이 많다.

4 다음 빈칸에 들어갈 알맞은 말은 무엇인가요? (   )   241027-0072

산불을 조심하여 아름다운 우리의 [   ]을 보호합시다.

① 등산   ② 산림   ③ 산소

④ 화산   ⑤ 산사태

5~6 다음 글을 읽고, 물음에 답해 보세요.

> 토요일 아침, 아버지와 함께 등산을 갔어요. 우리 집 근처에 있는 ○○산을 올랐는데, 산림이 울창한 산에 오르니 가슴이 상쾌하고 기분이 좋았어요.
>
> 아버지께서는 십여 년 전 폭우가 쏟아졌을 때, ○○산에 산사태가 났다고 말씀하셨어요. 산사태로 흙더미가 도로를 덮쳐 차량이 파손되고, 인근 아파트와 주택까지도 흙더미가 밀려들어 많은 주민이 다쳤다고 해요.
>
> 나무가 울창한 산은 공기를 맑게 하고 우리에게 아름다운 휴식 공간을 제공해요. 하지만 화산 폭발이나 산사태 등의 재해가 일어나면 산은 무섭게 돌변해 우리에게 큰 피해를 입힐 수도 있다는 것을 알게 되었어요.

5 십여 년 전 ○○산에 어떤 일이 있었나요? (   )   ▶ 241027-0073

① 산사태가 났다.　　　　② 산삼이 발견됐다.　　　　③ 화산이 폭발했다.
④ 등산로를 만들었다.　　⑤ 곰이 나타나 사람을 해쳤다.

6 산이 우리에게 주는 이로움을 <u>두 가지</u> 고르세요. (,   )   ▶ 241027-0074

① 공기를 맑게 한다.　　　　　　② 교통을 편리하게 한다.
③ 산사태로 큰 피해를 입힌다.　　④ 화산 폭발로 큰 피해를 입힌다.
⑤ 아름다운 휴식 공간을 제공한다.

 어휘 더하기 - 금수강산

비단 금 + 수 수 + 강 강 + 산 산

비단을 수놓은 것과 같은 강과 산이라는 뜻으로, 아름다운 우리나라의 자연을 비유적으로 이르는 말.

을 보러 우리나라에 오는 외국 관광객이 많다.

大 큰 **대** 가 들어간 어휘

○ 다음 한자의 뜻과 소리를 따라 써 보세요.

大 큰 대
　　뜻　　소리

○ 다음 낱말을 큰 소리로 읽고, 그림과 함께 뜻을 생각해 보세요.

대문

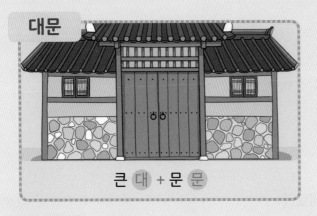

큰 대 + 문 문

확대

넓힐 확 + 큰 대

대가족

큰 대 + 집 가 + 겨레 족

대학교

큰 대 + 배울 학 + 학교 교

○ 이미 알고 있는 낱말에 ✓표를 하세요.

⬜ 대문　⬜ 확대　⬜ 대가족　⬜ 대학교

○ 위 낱말마다 반복되는 글자를 찾아 붙임 딱지를 붙여 보세요.　붙임 딱지　붙임 딱지 | 활용

◉ 다음 한자의 뜻을 생각해 보세요.

大 8급

사람이 두 팔과 다리를 벌리고 서 있는 모습을 본 뜬 글자로, '크다'라는 뜻을 나타내요.

◉ 다음 낱말의 뜻을 알아보고, 빈칸을 채워 문장을 완성해 보세요.

큰 대
문 문
대문

큰 문. 주로 집의 출입문을 이른다.

• 누군가 우리집 [ ][ ]을 쾅쾅 두드렸다.

넓힐 확
큰 대
확대

넓혀서 크게 함.

• 돋보기로 [ ][ ]해서 보니 작은 개미도 커 보인다.

큰 대
집 가
겨레 족
대가족

식구 수가 많은 가족.

• 이웃집은 삼대가 한집에 모두 모여 사는 [ ][ ][ ]이다.

친절한 샘 자녀가 결혼한 후에도 부모와 함께 사는 가족을 '확대 가족'이라고 해요.

큰 대
배울 학
학교 교
대학교

고등 교육을 베푸는 교육 기관.

• 우리 누나는 올해 [ ][ ][ ]를 졸업했다.

어휘 다지기 12 大 큰 대

1 다음 빈칸에 '대'로 시작하는 알맞은 낱말을 써 보세요. ▶ 241027-0075

초등학교 ➡ 중학교 ➡ 고등학교 ➡ [　|　|　]

2 다음 중 '대가족'의 모습을 나타낸 그림에 ○표를 하세요. ▶ 241027-0076

1  (　　)

2  (　　)

3  (　　)

3 빈칸에 들어갈 알맞은 낱말에 ○표를 하세요. ▶ 241027-0077

1 망원경으로 보면 달이 더 크게 (축소, 확대)되어 보인다.

2 어머니는 (대문, 가문)을 활짝 열고 집으로 오시는 손님들을 반겼다.

4 빈칸에 들어갈 알맞은 낱말을 [보기]에서 찾아 써 보세요. ▶ 241027-0078

보기

| 대문 | 확대 | 대가족 | 대학교 |

1 공부를 잘했던 삼촌은 좋은 (　　　　)를 다닌다.

2 요즘은 자녀를 한두 명만 낳아 (　　　　)이 많지 않다.

3 할아버지는 가족사진을 크게 (　　　　)해서 벽에 걸어 두셨다.

5~6 다음 글을 읽고, 물음에 답해 보세요.

　　오늘은 우리 집과 가족에 대해 소개할게요. 우리 집은 대학교 근처에 있어요. 그래서 가족과 함께 대학교 교정을 산책하고 넓은 운동장에서 운동을 하기도 해요.

　　우리 집은 2층 주택이에요. 대문을 열고 집 안에 들어서면 어머니가 가꾸시는 작은 꽃밭과 감나무 두 그루가 있어요. 어머니가 새로운 꽃씨를 가져와 부지런히 심으셔서 꽃밭은 점점 확대되고 있어요. 가끔은 아파트에 사는 친구들이 부러울 때도 있지만 마당이 있어 뛰어놀 수 있는 우리 집이 참 좋아요.

　　우리 가족은 할아버지와 할머니, 부모님, 형과 나 총 여섯 명이에요. 대가족이 살다 보니 집 안이 항상 시끌벅적해요. 하지만 식구가 많아서 서로 돕고 배려하는 마음도 생겨요. 먹을 것을 가지고 다투기도 하지만, 집안일을 여러 명이 맡아 빠르게 끝낼 수도 있어요. 나는 활기차고 따뜻한 우리 가족이 좋아요.

5 윗글의 내용으로 알맞은 것에 모두 ○표 하세요.　　　　　　　　▶ 241027-0079

　1 우리 집은 2층 주택이다. (　　　)

　2 우리 가족은 대가족이다. (　　　)

　3 우리 집은 초등학교 근처에 있다. (　　　)

6 식구가 많아서 좋은 점을 두 가지 고르세요. (　　　,　　　)　　　　▶ 241027-0080

　① 뛰어놀 수 있다.　　　　　　　　　② 항상 시끌벅적하다.

　③ 먹을 것을 가지고 다툰다.　　　　　④ 집안일을 빠르게 끝낼 수 있다.

　⑤ 서로 돕고 배려하는 마음이 생긴다.

어휘 더하기 - 박장대소

칠 박 + 손바닥 장 + 큰 대 + 웃을 소

손뼉을 치며 크게 웃음을 이르는 말.

텔레비전을 보다가 웃긴 장면이 나와서

|　|　|　|　| 했다.

木 나무 목 이 들어간 어휘

○ 다음 한자의 뜻과 소리를 따라 써 보세요.

나무 목

뜻   소리

○ 다음 낱말을 큰 소리로 읽고, 그림과 함께 뜻을 생각해 보세요.

수목원

나무 수 + 나무 목 + 동산 원

목재

나무 목 + 재목 재

목마

나무 목 + 말 마

목수

나무 목 + 손 수

○ 이미 알고 있는 낱말에 ✓표를 하세요.

⬜ 수목원 ⬜ 목재 ⬜ 목마 ⬜ 목수

○ 위 낱말마다 반복되는 글자를 찾아 붙임 딱지를 붙여 보세요.   붙임 딱지   붙임 딱지1 활용

눔 티

다음 한자의 뜻을 생각해 보세요.

木 8급

나무가 뿌리를 내리고 뻗은 모양을 본뜬 글자로, '나무'를 뜻해요.

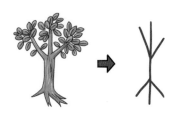

다음 낱말의 뜻을 알아보고, 빈칸을 채워 문장을 완성해 보세요.

나무	수
나무	목
동산	원

수목원

관찰이나 연구의 목적으로
여러 가지 나무를 수집하여 재배하는 시설.

• ☐☐☐ 에 가서 신기한 나무와

식물들을 보았다.

| 나무 | 목 |
| 재목 | 재 |

목재

건축이나 가구 따위에 쓰는, 나무로 된 재료.

• 이 ☐☐ 로 의자를 만들 것이다.

| 나무 | 목 |
| 말 | 마 |

목마

나무로 말의 모양을 깎아 만든 물건.

• 동생이 신나게 ☐☐ 를 탄다.

👉 **친절한 샘** '목마'는 어린이들이 장난감으로 타고 놀거나 승마 연습용으로 써요.

| 나무 | 목 |
| 손 | 수 |

목수

나무를 다루어 집을 짓거나
가구 따위를 만드는 일을 직업으로 하는 사람.

• ☐☐ 인 아버지가 내 책상을 직접

만들어 주셨다.

👉 **친절한 샘** 여기서 '수'는 '사람'이라는 뜻으로 사용되었어요.

1 다음 그림에 알맞은 낱말에 ○표를 하세요.

> 1 목마 (   )
>
> 2 목탑 (   )
>
> 3 목장 (   )

241027-0081

2 다음 빈칸에 들어갈 '목' 자로 시작하는 알맞은 낱말을 써 보세요.

241027-0082

다음은 모두 [   ][   ] 로 만든 물건이다.

3 밑줄 친 낱말 중 '나무 목(木)' 자가 들어가지 <u>않은</u> 낱말에 ×표를 하세요.

241027-0083

1 이 <u>목재</u> 사다리는 튼튼해 보인다. (   )

2 우리 교회 <u>목사</u>님은 성경을 쉽게 가르쳐 주신다. (   )

3 ○○ <u>수목원</u>은 시민들이 좋아하는 아름다운 휴식 공간이다. (   )

4 다음 중 밑줄 친 낱말의 쓰임이 적절하지 <u>않은</u> 것은 무엇인가요? (   )

241027-0084

① 아이들이 <u>목마</u>를 타며 놀고 있다.

② 현장 학습으로 학교 옆 <u>수목원</u>에 갔다.

③ <u>식목일</u>에 집 앞 화단에 나무를 심었다.

④ <u>목재</u>는 건축과 가구 등에 다양하게 사용된다.

⑤ <u>목수</u>가 열 개가 아니므로 항상 안전하게 행동하자.

5~6 다음 글을 읽고, 물음에 답해 보세요.

한 마을에 고요하고 아름다운 수목원이 있었어요. 신기하고 진기한 나무들과 식물들이 어우러진 그곳에
선 한겨울을 제외하고 항상 아름다운 꽃을 볼 수 있어요. 마을 사람들은 그곳을 사랑했어요.

그곳을 가꾼 사람은 목수였어요. 목수는 원래 목재로 집을 짓고, 가구나 목마 등의 기구를 만드는 사람
인데, 오히려 나무를 심고 가꾸다니 사람들은 신기하게 생각했어요. 특히 그곳에는 구부러지고 휘어진 신
기한 나무가 많았어요.

마을의 노인은 수목원의 구부러지고 휘어진 나무를 신기하게 바라보는 사람들에게 말했어요.

"곧고 빠르게 자라는 나무는 목수의 손에 잘려 가구가 되지만, 구부러지고 휘어진 나무들은 목재로서
쓸모가 없어 수목원을 가득 채운 거라네."

때론 쓸모없이 느껴지는 것이 오랫동안 생명을 유지하며 사람들에게 사랑받기도 하는 거예요.

5 수목원을 가꾼 사람은 누구인가요? ( )

▶ 241027-0085

① 목사　　　　② 목수　　　　③ 선생님　　　　④ 마을의 노인　　　⑤ 마을 사람들

6 수목원에 구부러지고 휘어진 나무가 많은 까닭은 무엇인가요? ( )

▶ 241027-0086

① 목재로서 쓸모가 없어서　　　　　　　② 수목원에 햇빛이 부족해서
③ 땅속의 영양분이 부족해서　　　　　　④ 휘어진 나무가 비싸기 때문에
⑤ 아름답게 보이려고 억지로 가지를 휘어서

 어휘 더하기 - 목판화

나무 목 + 널 판 + 그림 화

나무판에 새겨서 찍은 그림. 목판에 그림을 그린 다음, 칼 등으로 목판에
새겨서 잉크로 찍어내는 판화의 한 종류임.

이 작품은 나무판에 그림을 새겨 찍어낸 [　][　][　]

이다.

三 석 삼 이 들어간 어휘

공부한 날짜   월   일

◉ 다음 한자의 뜻과 소리를 따라 써 보세요.

① ② ③

석 삼

뜻   소리

◉ 다음 낱말을 큰 소리로 읽고, 그림과 함께 뜻을 생각해 보세요.

삼촌

석 삼 + 마디 촌

삼각형

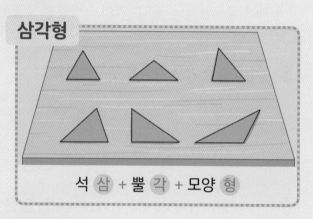

석 삼 + 뿔 각 + 모양 형

삼일절

석 삼 + 한 일 + 철 절

삼삼오오

석 삼 + 석 삼 + 다섯 오 + 다섯 오

○ 이미 알고 있는 낱말에 ✓표를 하세요.

☐ 삼촌 ☐ 삼각형 ☐ 삼일절 ☐ 삼삼오오

○ 위 낱말마다 반복되는 글자를 찾아 붙임 딱지를 붙여 보세요.

붙임
딱지

붙임 딱지 | 활용

◉ 다음 한자의 뜻을 생각해 보세요.

三 8급

길이가 같은 세 개의 막대기를 늘어 놓은 모양으로 '셋'이라는 뜻을 나타 내요.

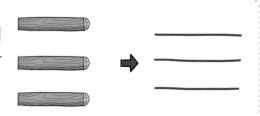

◉ 다음 낱말의 뜻을 알아보고, 빈칸을 채워 문장을 완성해 보세요.

| 석 | 삼 |
| 마디 | 촌 |

삼촌

아버지의 형제를 부르는 말.

• 아버지와 ☐☐ 은 많이 닮았다.

👆 **친절한 샘** 친척끼리 가까운 정도를 나타내는 촌수를 따질 때 부모와 자식은 1촌, 형제간은 2촌이라 아버지의 형제는 '나'와 3촌의 관계에 있어요.

석	삼
뿔	각
모양	형

삼각형

세 개의 선분으로 둘러싸인 평면 도형.

• 책상 위에 ☐☐☐ 모양의 자들이 놓여 있다.

👆 **친절한 샘** 네모 모양을 사각형, 세모 모양을 삼각형이라고 해요.

석	삼
한	일
철	절

삼일절

1919년 3·1 독립 정신을 계승하기 위해 제정한 국경일로 3월 1일임.

• 3월 첫째 날, ☐☐☐ 에는 태극기를 달아야 한다.

석	삼
석	삼
다섯	오
다섯	오

삼삼오오

서너 사람 또는 대여섯 사람이 떼를 지어 일하거나 다니는 모양.

• 아이들이 ☐☐☐☐ 모여 이야기를 나눈다.

1 다음 낱말의 뜻을 알맞게 선으로 이어 보세요.   ▶ 241027-0087

1 삼촌   •

2 삼일절   •

3 삼삼오오   •

• ㉠ 아버지의 형제를 부르는 말.

• ㉡ 서너 사람 또는 대여섯 사람이 떼를 지어 일하거나 다니는 모양.

• ㉢ 1919년 3·1 독립 정신을 계승하기 위해 제정한 국경일로 3월 1일임.

2 다음 그림을 보고, 삼각형에 ○표를 하세요.   ▶ 241027-0088

1

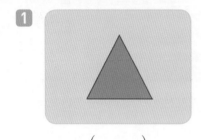

(   )

2

(   )

3

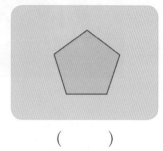

(   )

3 빈칸에 들어갈 알맞은 낱말에 ○표를 하세요.   ▶ 241027-0089

1 아버지의 남동생을 (삼촌, 사촌)이라고 부른다.

2 (삼일절, 개천절)에는 탑골 공원에서 만세 운동을 재현하는 행사가 열린다.

4 다음 빈칸에 들어갈 알맞은 말은 무엇인가요? (   )   ▶ 241027-0090

공원에는 가족들이 [   ] 모여 산책을 즐기고 있다.

① 알쏭달쏭   ② 일장일단   ③ 오락가락

④ 삼삼오오   ⑤ 유일무이

 **어휘 활용하기**

✓ 정답과 해설 14쪽

5~6 다음 글을 읽고, 물음에 답해 보세요.

삼일절은 우리나라의 국경일 중 하나로, 1919년에 일어난 독립 만세 운동을 기념하는 날이에요. 당시 우리나라는 일본에게 강제로 나라를 빼앗겨 많은 고통을 당하고 있었어요. 일본은 우리의 땅과 재산을 빼앗고, 우리의 말과 글도 마음대로 쓰지 못하게 했어요. 그러던 중 사람들은 미국 대통령 윌슨의 연설을 듣고, 우리 민족도 일본으로부터 독립할 수 있다는 희망을 가지게 되었어요. 그래서 1919년 3월 1일, 서울 종로로 사람들이 삼삼오오 모여들며 독립 만세 운동이 시작되었어요. 부모와 자식, 삼촌과 조카, 스승과 제자까지 수많은 사람이 모여 "대한 독립 만세"를 외치며 태극기를 들고 거리를 행진했어요.

독립 만세 운동을 일본은 잔인하게 진압했고, 수많은 사람들이 죽거나 잡혀갔어요. 그렇지만 3·1운동은 우리 민족의 독립 의지를 전 세계에 알리고, 일본의 강압적인 통치 방식을 바꾸는 계기가 되었어요.

5 삼일절은 무엇을 기념하는 날인지 알맞은 것에 ○표를 하세요.

▶ 241027-0091

1 1945년 일본으로부터의 독립 (   )

2 1919년에 일어난 독립 만세 운동 (   )

3 단군 할아버지가 우리나라를 세운 것 (   )

6 3·1운동에 대한 설명으로 알맞지 <u>않은</u> 것은 무엇인가요? (   )

▶ 241027-0092

① 서울 종로에서 시작되었다.
② 수많은 사람들이 죽거나 잡혀갔다.
③ 우리 민족의 독립 의지를 전 세계에 알렸다.
④ 일본은 이 운동이 무서워 자기 나라로 돌아갔다.
⑤ 수많은 사람이 '대한 독립 만세'를 외치며 태극기를 들고 거리를 행진했다.

어휘 더하기 - 조삼모사

아침 조 +석 삼 +저물 모 +녁 사

간사한 꾀로 남을 속이는 것을 이르는 말. 중국 송나라의 저공이 먹이가 부족해 도토리를 아침에 세 개, 저녁에 네 개씩 주겠다고 하자 원숭이들이 적다고 화를 내서, 아침에 네 개, 저녁에 세 개씩 주겠다고 하자 좋아하였다는 데서 유래함.

장사꾼은 [   ][   ][   ][   ]로 손님을 속였다.

女 여자 녀 가 들어간 어휘

○ 다음 한자의 뜻과 소리를 따라 써 보세요.

女   여자 녀(여)
      뜻   소리

○ 다음 낱말을 큰 소리로 읽고, 그림과 함께 뜻을 생각해 보세요.

미녀

아름다울 미 + 여자 녀

여왕

여자 여 + 임금 왕

손녀

손자 손 + 여자 녀

약혼녀

맺을 약 + 혼인할 혼 + 여자 녀

○ 이미 알고 있는 낱말에 ✓표를 하세요.

☐ 미녀 ☐ 여왕 ☐ 손녀 ☐ 약혼녀

○ 위 낱말마다 반복되는 글자를 찾아 붙임 딱지를 붙여 보세요.   붙임
딱지   붙임 딱지 l 활용

답 녀(여)

● 다음 한자의 뜻을 생각해 보세요.

 8급

무릎을 꿇고 앉아 있는 한 여인이 두 손을 교차하여 가슴 앞에 두고 있는 모습을 본뜬 글자로, '여자'라는 뜻을 갖고 있어요.

● 다음 낱말의 뜻을 알아보고, 빈칸을 채워 문장을 완성해 보세요.

아름다울 미
여자 녀

미녀

얼굴이 아름다운 여자.

● 카페에 앉아 있는 [　][　]는 인기

있는 배우이다.

여자 여
임금 왕

여왕

여자 임금.

● 왕관을 쓴 [　][　]이 왕좌에 앉아

있다.

👉 친절한 샘 '여자 녀'는 맨 앞에 오면 '여'로, 뒤에 오면 '녀'로 써요. 따라서 '여왕'은 '녀왕'이 아니라 '여왕'으로 쓴답니다.

손자 손
여자 녀

손녀

아들의 딸. 또는 딸의 딸.

● 할머니와 [　][　]가 함께 산책을

한다.

맺을 약
혼인할 혼
여자 녀

약혼녀

결혼을 하기로 약속한 여자.

● 그는 [　][　][　]와 결혼할 날을

손꼽아 기다리고 있다.

女 여자 녀

1 다음 낱말의 뜻을 알맞게 선으로 이어 보세요.   ▶ 241027-0093

1 손녀 •　　　　　　　　　　　• ㉠ 얼굴이 아름다운 여자.

2 미녀 •　　　　　　　　　　　• ㉡ 아들의 딸. 또는 딸의 딸.

3 약혼녀 •　　　　　　　　　　• ㉢ 결혼을 하기로 약속한 여자.

2 다음 낱말에 어울리는 그림을 찾아 ○표를 하세요.   ▶ 241027-0094

미녀

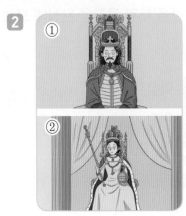

여왕

손녀

3 빈칸에 들어갈 알맞은 낱말을 [보기]에서 찾아 써 보세요.   ▶ 241027-0095

보기

여왕　　　손녀　　　약혼녀

1 그는 (　　　　　　　　)에게 사랑의 증표로 반지를 선물했다.

2 왕궁에서 사는 (　　　　　　　　)은 국민을 위해 일하고, 국민의 사랑을 받았다.

4 다음 낱말의 밑줄 친 부분의 의미는 무엇인가요? (　　　　)   ▶ 241027-0096

미녀　　　손녀　　　<u>여</u>왕　　　약혼<u>녀</u>

① 아이　　　　　　　② 여자　　　　　　　③ 남자

④ 사람　　　　　　　⑤ 노인

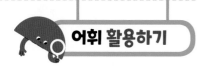
5~6 다음 글을 읽고, 물음에 답해 보세요.

옛날 옛적, 작고 아름다운 나라를 다스리던 늙은 왕이 죽고, 그 손녀가 여왕이 되었어요. 여왕은 대단한 미녀로, 그 미모는 이웃 나라에까지 소문이 자자했어요. 그리하여 이웃 나라의 왕들이 여왕에게 청혼하러 몰려들었어요. 하지만 여왕은 결혼할 생각이 조금도 없었어요. 그래서 자신의 작은 나라로 몰려드는 왕과 왕자들을 되돌려 보내느라 골치가 아팠어요. 어느 날, 재미나라의 왕이 여왕을 찾아왔어요.
"당신은 결혼할 생각이 없다는 이야기를 들었소. 계속 귀찮게 청혼을 하러 오는 사람들을 돌려보낼 좋은 방법이 있소."
"그게 뭐죠? 빨리 알려 주세요!"
"나랑 약혼을 한다고 소문을 냅시다. 나의 약혼녀라고 소문이 퍼지면 더 이상 남자들이 당신을 귀찮게 하지 않을 거요."
그리하여 여왕은 재미나라의 왕과 약혼을 한다고 소문을 퍼뜨리고, 수많은 남자들을 돌려보낼 수 있었답니다.

5 여왕의 마음으로 알맞은 것을 <u>두 가지</u> 고르세요. (　　　,　　　)　　　● 241027-0097

① 결혼하고 싶다.　　　　　　　　　　② 결혼하기 싫다.
③ 청혼하는 남자들이 귀찮다.　　　　　④ 자신의 미모를 소문내고 싶다.
⑤ 청혼하는 남자들이 많아 즐겁다.

6 여왕이 청혼하는 남자들을 물리친 방법은 무엇인가요? (　　　)　　　● 241027-0098

① 도망치기　　　　② 왕으로 변장하기　　　　③ 재미나라로 여행 가기
④ 재미나라 왕과 결혼하기　　　⑤ 약혼을 한다는 헛소문 퍼뜨리기

어휘 더하기 - 남녀노소

사내 남 + 여자 녀 + 늙은이 노 + 적을 소

남자와 여자, 늙은이와 젊은이란 뜻으로, 모든 사람을 이르는 말.

이 놀이는 |　|　|　|　| 모두가 즐길 수 있는 놀이이다.

1 다음 뜻을 가진 낱말을 [보기]에서 찾아 써 보세요.   ▶ 241027-0099

241027-0099

보기

| 손녀 | 산림 | 목수 | 확대 | 삼일절 |

1 아들의 딸. 또는 딸의 딸. : (   )

2 나무를 다루어 집을 짓거나 가구 따위를 만드는 일을 직업으로 하는 사람. : (   )

2 다음 그림에 어울리는 낱말에 ○표를 하세요.   ▶ 241027-0100

(화산, 수목원)

(삼촌, 미녀)

3 빈칸에 들어갈 알맞은 낱말을 [보기]에서 찾아 써 보세요.   ▶ 241027-0101

보기

| 확대 | 산사태 | 삼삼오오 | 조삼모사 |

1 화면을 (   )하면 더 자세히 볼 수 있다.

2 (   ) 모인 사람들이 마을 축제를 즐겼다.

4 다음 밑줄 친 낱말과 바꾸어 쓸 수 있는 낱말을 [보기]에서 찾아 써 보세요.   ▶ 241027-0102

보기

| 산림 | 목재 | 삼각형 | 금수강산 |

1 맛있는 샌드위치가 세모 모양이다. ➡ (   )

2 나는 대리석 식탁보다 나무 식탁이 더 좋다. ➡ (   )

어휘 놀이터

◎ [보기]에 있는 낱말을 나타낸 그림을 찾아 ○표를 하세요.

보기

| 목마 | 대문 | 화산 | 여왕 | 삼각형 |

門
문 **문** 이 들어간 어휘

곰

○ 다음 한자의 뜻과 소리를 따라 써 보세요.

문   문
뜻   소리

○ 다음 낱말을 큰 소리로 읽고, 그림과 함께 뜻을 생각해 보세요.

창문

창 창 + 문 문

남대문

남녁 남 + 큰 대 + 문 문

출입문

날 출 + 들 입 + 문 문

문단속

문 문 + 둥글 단 + 묶을 속

○ 이미 알고 있는 낱말에 ✓표를 하세요.

☐ 창문 ☐ 남대문 ☐ 출입문 ☐ 문단속

○ 위 낱말마다 반복되는 글자를 찾아 붙임 딱지를 붙여 보세요.

붙임
딱지

붙임 딱지1 활용

곰

◉ 다음 한자의 뜻을 생각해 보세요.

門 8급

두 짝의 문을 본뜬 글자로, '문'이라는 뜻을 나타내요.

◉ 다음 낱말의 뜻을 알아보고, 빈칸을 채워 문장을 완성해 보세요.

| 창 | 창 |
| 문 | 문 |

창문

공기나 햇빛을 받을 수 있고,
밖을 내다볼 수 있도록 벽이나 지붕에 낸 문.

• 날씨가 더워서 ☐☐ 을 열었다.

남녘	남
큰	대
문	문

남대문

조선 시대에 건립한 한양 도성의 남쪽 정문.

• 서울에 있는 ☐☐☐ 은

우리나라의 국보로 지정되었다.

👆 친절한 샘 남대문은 우리나라의 국보로, 정식 명칭은 '숭례문'이에요.

날	출
들	입
문	문

출입문

드나드는 문.

• 우리는 호텔의 ☐☐☐ 앞으로

택시를 불렀다.

문	문
둥글	단
묶을	속

문단속

사고가 없도록 문을 잘 닫아 잠그는 일.

• 가게를 오래 비울 때는 ☐☐☐

을 철저히 해야 한다.

1 다음 빈칸에 공통으로 들어갈 알맞은 낱말을 써 보세요.

> 241027-0103

> 창☐ 대☐ 교☐ 출입☐ 동대☐
>
> ☐

2 다음 그림에 알맞은 낱말을 선으로 이어 보세요.

> 241027-0104

1    •

2    •

3    •

• ㉠ 창문

• ㉡ 출입문

• ㉢ 남대문

3 빈칸에 들어갈 알맞은 낱말에 ○표를 하세요.

> 241027-0105

1 (출입문, 문단속)을 열고, 사람들이 헐레벌떡 뛰어 들어왔다.

2 (창문, 신문) 밖으로 떨어지는 빗방울을 보고 비가 오는 줄 알았다.

4 다음 중 밑줄 친 낱말의 쓰임이 알맞지 <u>않은</u> 것은 무엇인가요? (   )

> 241027-0106

① 경찰들이 수상한 사람을 <u>문단속</u>하고 있다.

② <u>창문</u>을 활짝 여니 시원한 바람이 솔솔 들어온다.

③ <u>출입문</u>이 닫혀서 사람들이 밖으로 나가지 못한다.

④ 저녁에는 <u>교문</u>이 닫혀서 학교에 들어갈 수 없다.

⑤ 가족들과 서울 여행을 가서 <u>남대문</u>을 보고 시장에서 갈치 조림도 먹었다.

5~6 다음 글을 읽고, 물음에 답해 보세요.

20○○년 ○월 ○일 날씨: 맑음

서울 나들이

가족들과 서울에 있는 큰아버지 댁에 갔다. 아버지는 집을 오래 비운다고 창문을 모두 잠그고, 문단속도 철저히 하셨다.

서울 큰아버지 댁에 가서 맛있는 것을 먹고, 서울 구경도 하였다. 텔레비전으로만 보던 남대문도 보았다. 남대문은 서울의 4대문 중 하나로 공식 이름은 숭례문이다. 숭례문은 남쪽을 향하고 있는 서울 도성의 출입문이라 남대문이라 불린다. 조선 시대에 처음 지어졌고, 2008년에 방화로 불탔다가 2013년에 복원되었다고 한다.

남대문 옆 남산에도 올랐다. 남산 위에 있는 서울 타워에도 가 보았다. 서울 타워에 오르니 서울이 한눈에 보였다. 야경은 더 아름답다고 하는데 다음에는 밤에 서울 타워에 꼭 가 보고 싶다.

친절한 샘 '방화'는 '일부러 불을 지름.'을 뜻하는 말이에요.

5 서울 나들이를 가서 보거나 들른 곳을 모두 고르세요. (　,　,　) ▶ 241027-0107

① 남산　　② 남대문　　③ 경복궁　　④ 서울 타워　　⑤ 동대문 시장

6 남대문에 대한 설명으로 옳지 않은 것은 무엇인가요? (　) ▶ 241027-0108

① 공식 이름은 숭례문이다.　② 2008년에 방화로 불탔다.　③ 2013년에 다시 복원되었다.
④ 고려 시대에 처음 지어졌다.　⑤ 남쪽을 향하고 있는 서울 도성의 출입문이다.

어휘 더하기 - 문전박대

문 문 + 앞 전 + 엷을 박 + 대접할 대

방문자를 문 앞에서 쫓아낼 듯이 인정 없고 모질게 대함을 이르는 말.

흥부는 형님 집에 갔다가 □□□□ 를 당하여 울먹이며 집으로 돌아갔다.

母 어머니 **모** 가 들어간 어휘

○ 다음 한자의 뜻과 소리를 따라 써 보세요.

어머니 모

뜻   소리

○ 다음 낱말을 큰 소리로 읽고, 그림과 함께 뜻을 생각해 보세요.

이모

엄마 ⇨   ⇦ 이모

이모 이 + 어머니 모

모유

어머니 모 + 젖 유

모자

어머니 모 + 아들 자

모국어

한국어를 모국어처럼 쓰는구나!

어머니 모 + 나라 국 + 말씀 어

○ 이미 알고 있는 낱말에 ✓표를 하세요.

　이모　　모유　　모자　　모국어

○ 위 낱말마다 반복되는 글자를 찾아 붙임 딱지를 붙여 보세요.　붙임 딱지

붙임 딱지1 활용

母

◉ 다음 한자의 뜻을 생각해 보세요.

8급

아기에게 젖을 먹여야 하는 여인이 다소곳이 앉아 있는 모습을 본뜬 글자로, '어미'나 '어머니'를 뜻하는 글자예요.

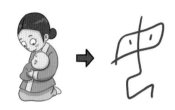

◉ 다음 낱말의 뜻을 알아보고, 빈칸을 채워 문장을 완성해 보세요.

이모   이
어머니   모

이모

어머니의 여자 형제를 이르거나 부르는 말.

• 엄마와 ☐☐ 는 얼굴도 목소리도 닮았다.

어머니   모
젖   유

모유

어머니의 젖.

• 배가 고파서 우는 아기에게 엄마가 ☐☐ 를 먹인다.

어머니   모
아들   자

모자

어머니와 아들을 아울러 이르는 말.

• 길에서 만난 ☐☐ 가 서로를 반기고 있다.

어머니   모
나라   국
말씀   어

모국어

자기 나라의 말.

• 외국인이 한국어를 ☐☐☐ 처럼 능숙하게 쓴다.

👉 **친절한 샘** '모국어'는 주로 외국에 나가 있는 사람이 자기 나라의 말을 이를 때에 써요.

1 낱말의 뜻을 바르게 설명한 것에 ○표를 하세요.

241027-0109

1 모국어: 자기 나라의 말. (　　　)

2 모자: 어머니와 딸을 아울러 이르는 말. (　　　)

3 이모: 어머니의 남자 형제를 이르거나 부르는 말. (　　　)

2 어머니의 결혼 전 가족사진에서 '이모'에 해당하는 사람에 <u>모두</u> ○표를 하세요.

241027-0110

3 다음 밑줄 친 말이 '어머니'의 뜻으로 쓰이지 <u>않은</u> 것은 무엇인가요? (　　　)

241027-0111

① 이<u>모</u> 　　② <u>모</u>자 　　③ 세<u>모</u>
④ <u>모</u>유 　　⑤ <u>모</u>국어

4 빈칸에 들어갈 알맞은 낱말을 [보기]에서 찾아 써 보세요.

241027-0112

| 이모 | 모자 | 모유 | 모국어 |

1 (　　　　　　　)에는 아기의 성장과 발달에 필요한 영양소가 풍부하다.

2 많은 외국인들이 한국어를 마치 (　　　　　　)처럼 자연스럽게 말한다.

3 아들이 어머니를 번쩍 업자, 다정한 (　　　　　　)의 모습에 사람들이 미소 지었다.

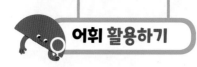

✓ 정답과 해설 16쪽

5~6 다음 글을 읽고, 물음에 답해 보세요.

오랫동안 아이를 기다리던 한 집안에 사랑스러운 아기가 태어났어요. 건강하고 튼튼한 사내아이였어요. 아이는 어머니의 모유를 먹고 무럭무럭 자랐으며, 이웃들은 늘 다정한 모자의 모습을 사랑스럽게 바라보았어요. 아이가 다섯 살이 되던 해에 세 식구는 미국으로 이민을 가게 되었어요. 그곳에 살고 있던 이모는 바쁜 부모님을 대신해 아이를 보살폈지요.

이모는 아이를 정성으로 키웠어요. 이모네 가족들도 아이를 사랑해 주었지요. 이모는 아이가 모국어를 잊지 않도록 집 안에서는 늘 한국말을 사용했어요. 덕분에 아이는 커서도 한국말을 잊지 않고 능숙하게 사용하게 되었어요.

5 미국으로 이민을 간 아이는 누구의 보살핌을 받았나요? (   )

▶ 241027-0113

① 삼촌   ② 이모   ③ 고모
④ 할머니   ⑤ 할아버지

6 이모가 집 안에서 한국말을 사용한 이유는 무엇인가요? (   )

▶ 241027-0114

① 영어를 잘 하지 못해서   ② 한국말이 사용하기 편해서
③ 조카가 영어를 알아듣지 못해서   ④ 조카가 모국어를 잊지 않게 하려고
⑤ 조카가 자신을 어머니처럼 느끼게 하려고

어휘 더하기 - 모성애

어머니 모 + 성품 성 + 사랑 애

자식에 대한 어머니의 본능적인 사랑을 이르는 말.

가 강한 동물은 자신이 낳은 새끼를 지키기 위해 어떤 위험도 무릅쓴다.

父 아버지 **부** 가 들어간 어휘

○ 다음 한자의 뜻과 소리를 따라 써 보세요.

아버지 부

뜻   소리

○ 다음 낱말을 큰 소리로 읽고, 그림과 함께 뜻을 생각해 보세요.

부모

아버지 부 + 어머니 모

부성애

아버지 부 + 성품 성 + 사랑 애

사부

스승 사 + 아버지 부

조부

할아버지 조 + 아버지 부

○ 이미 알고 있는 낱말에 ✓표를 하세요.

☐ 부모 ☐ 부성애 ☐ 사부 ☐ 조부

○ 위 낱말마다 반복되는 글자를 찾아 붙임 딱지를 붙여 보세요.   붙임 딱지 활용

붙임
딱지

◎ 다음 한자의 뜻을 생각해 보세요.

8급

손에 막대기나 돌도끼를 들고 있는 모습을 본뜬 글자로, 돌도끼를 들고 일을 했던 '아버지'를 뜻해요.

◎ 다음 낱말의 뜻을 알아보고, 빈칸을 채워 문장을 완성해 보세요.

| 아버지 | 부 |
| 어머니 | 모 |

부모

아버지와 어머니를 아울러 이르는 말.

• ☐☐ 님이 과일을 드신다.

아버지	부
성품	성
사랑	애

부성애

자식에 대한 아버지의 본능적인 사랑.

• 우리 아버지는 ☐☐☐ 가 강하시다.

| 스승 | 사 |
| 아버지 | 부 |

사부

'스승'을 높여 이르는 말.

• 나에게 많은 가르침을 주신 그분을 ☐☐ 로 삼기로 했다.

🖐️ **친절한 샘** '스승'은 '누군가를 가르쳐서 이끄는 사람'을 뜻해요.

| 할아버지 | 조 |
| 아버지 | 부 |

조부

부모의 아버지, 즉 할아버지를 이르는 말.

• ☐☐ 님은 내가 어릴 때 책을 많이 읽어 주셨다.

🖐️ **친절한 샘** 할아버지는 '조부', 할머니는 '조모', 두 분을 아울러 '조부모'라고 말해요.

父 아버지 부

1 다음 밑줄 친 낱말이 '아버지'를 뜻하지 <u>않는</u> 것은 무엇인가요? (   ) ▶ 241027-0115

① 부모   ② 조부   ③ 사부   ④ 부인   ⑤ 부성애

2 '할아버지'를 달리 부르는 말은 무엇인가요? (   ) ▶ 241027-0116

① 조부
② 조모
③ 사부
④ 시부
⑤ 시모

3 다음을 보고, 빈칸에 들어갈 알맞은 낱말을 써 보세요. ▶ 241027-0117

모친 ➡ '어머니'를 정중히 이르는 말.

☐ 친 ➡ '아버지'를 정중히 이르는 말.

4 빈칸에 들어갈 알맞은 낱말을 [보기]에서 찾아 써 보세요. ▶ 241027-0118

보기

농부   사부   모성애   부성애

1 아버지의 ☐☐☐ 는 자녀의 성공에 큰 도움이 된다.

2 내게 무술을 가르쳐 주신 ☐☐ 는 세계적으로 유명하신 분이다.

5~6 다음 글을 읽고, 물음에 답해 보세요.

> 부모님은 저에게 가장 소중한 존재예요. 저를 낳아 키워 주셨고, 항상 따뜻하게 보살펴 주셔요. 부모님이 가족을 위해 이른 아침부터 밤 늦게까지 일하시는 모습을 볼 때 항상 고맙고 감사해요. 제가 아프고 열이 날 때 부모님은 밤새 잠도 못 주무시고 걱정해 주셔요. 제가 이렇게 튼튼하게 자란 것도, 좋은 경험들을 많이 하며 행복하게 자란 것도 모두 모성애와 부성애가 지극하신 부모님 덕분이에요.
>
> 저는 조부님과도 매우 친해요. 조부님은 저에게 바둑을 처음 가르쳐 주신 바둑 사부이기도 해요. 처음에는 바둑이 무척 어려웠지만, 조부님의 가르침 덕분에 요즘엔 바둑을 즐기고 있어요.
>
> 부모님과 조부님은 이처럼 저에게 가장 소중한 분들이에요. 저는 부모님과 조부님의 사랑에 보답하기 위해서라도 항상 열심히 공부하며 맡은 일에 최선을 다할 거예요.

5 이 글의 글쓴이에게 소중한 사람을 <u>모두</u> 고르세요. (　　,　　)　▶ 241027-0119

① 동생　　　② 친구　　　③ 조부님　　　④ 부모님　　　⑤ 선생님

6 소중한 분들의 사랑에 보답하기 위해서 글쓴이는 어떻게 하기로 하였나요? (　　)　▶ 241027-0120

① 돈을 많이 벌어서 효도하겠다.　　　　　② 맛있는 것을 많이 사 드리겠다.
③ 편찮으실 때 열심히 간호를 하겠다.　　　④ 운동을 열심히 해서 유명한 선수가 되겠다.
⑤ 열심히 공부하며 맡은 일에 최선을 다하겠다.

어휘 더하기 - 부전자전

아버지 부 + 전할 전 + 아들 자 + 전할 전

아들의 성격이나 생활 습관 따위가 아버지로부터 대물림된 것처럼 같거나 비슷함.

이라더니 아들도 아버지를 닮아 춤을 잘 춘다.

白 흰 백 이 들어간 어휘

다음 한자의 뜻과 소리를 따라 써 보세요.

흰   백
뜻   소리

다음 낱말을 큰 소리로 읽고, 그림과 함께 뜻을 생각해 보세요.

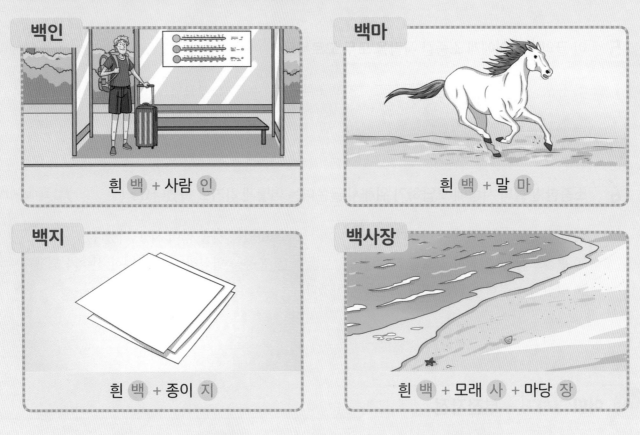

백인

흰 백 + 사람 인

백마

흰 백 + 말 마

백지

흰 백 + 종이 지

백사장

흰 백 + 모래 사 + 마당 장

○ 이미 알고 있는 낱말에 ✔표를 하세요.

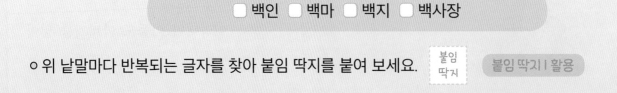

☐ 백인 ☐ 백마 ☐ 백지 ☐ 백사장

○ 위 낱말마다 반복되는 글자를 찾아 붙임 딱지를 붙여 보세요.   붙임 딱지   붙임 딱지 l 활용

◎ 다음 한자의 뜻을 생각해 보세요.

8급

촛불의 심지가 타는 모양을 본뜬 글자로, 촛불을 켜면 주위가 밝기 때문에 '밝다', '희다', '깨끗하다' 의 뜻을 나타내요.

◎ 다음 낱말의 뜻을 알아보고, 빈칸을 채워 문장을 완성해 보세요.

| 흰 | 백 |
| 사람 | 인 |

백인

백색 인종에 속하는 사람.

• 우리나라에 여행을 온 ☐☐ 이 버스를 기다리고 있다.

👆 친절한 샘 인종은 인류를 지역과 신체적 특성에 따라 구분한 것으로 백인종, 황인종, 흑인종 등이 있어요.

| 흰 | 백 |
| 말 | 마 |

백마

털빛이 흰 말.

• 예부터 ☐☐ 는 왕족, 귀족만이 타고 다니는 귀한 동물로 여겼다.

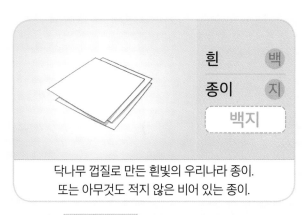

| 흰 | 백 |
| 종이 | 지 |

백지

닥나무 껍질로 만든 흰빛의 우리나라 종이. 또는 아무것도 적지 않은 비어 있는 종이.

• 나는 ☐☐ 위에 어떤 그림을 그릴지 고민했다.

흰	백
모래	사
마당	장

백사장

강가나 바닷가의 흰모래가 깔려 있는 곳.

• 바닷가에 가서 길게 뻗은 아름다운 ☐☐☐ 을 보았다.

어휘 다지기 19 白 흰 백

1 다음 밑줄 친 글자가 '희다'는 뜻으로 쓰이지 않은 것은 무엇인가요? (　　　) 241027-0121

① 백인　② 백마　③ 백성
④ 백지　⑤ 백사장

2 다음 그림에 알맞은 낱말을 써 보세요. 241027-0122

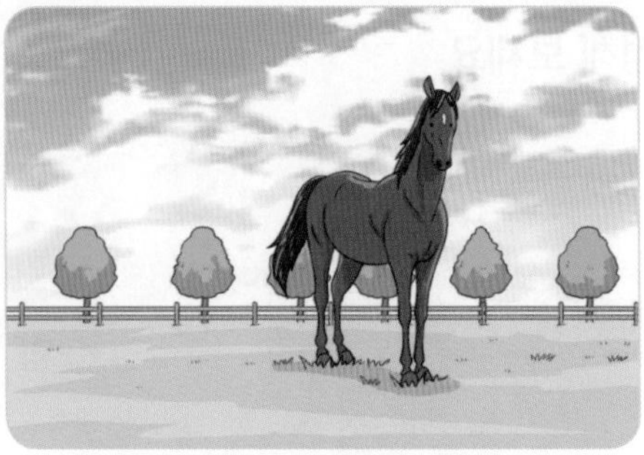

흑마

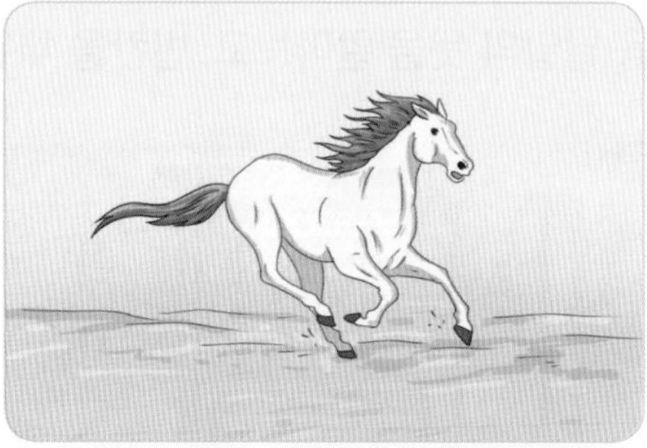

[　][　]

3 다음 밑줄 친 낱말과 바꾸어 쓸 수 있는 낱말을 [보기]에서 찾아 써 보세요. 241027-0123

보기

백마　백지　백인　백사장

1 흰 종이에 그림을 그렸다. ➡ (　　　　　)

2 하얀 모래사장에서 모래찜질을 했다. ➡ (　　　　　)

4 다음 중 밑줄 친 낱말의 쓰임이 알맞지 않은 것은 무엇인가요? (　　　) 241027-0124

① 바닷가 백사장에서 모래성을 쌓았다.
② 눈부시게 하얀 백마가 초원을 달린다.
③ 백사장에 쓰레기가 가득해 눈살을 찌푸렸다.
④ 할머니 집 벽은 알록달록한 백지로 도배가 되어 있다.
⑤ 백인들의 피부가 흰 까닭은 멜라닌 색소가 적기 때문이다.

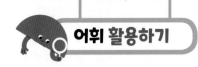
5~6 다음 글을 읽고, 물음에 답해 보세요.

> 미술 시간에 선생님께서 흰 도화지를 주시며 그리고 싶은 것을 그리라고 하셨어요.
> '이 백지를 무엇으로 채우지?'
> 지우는 곰곰이 생각하던 끝에 바닷가를 달리는 멋진 말 한 마리와 놀란 모습으로 이를 지켜보는 사람들을 그렸어요. 완성된 작품들을 둘러보시던 선생님께서는 지우의 작품을 보고 물으셨어요.
> "다 완성한 거예요? 이 사람이랑 말, 그리고 바닥을 아직 색칠하지 않았네요."
> 지우는 선생님의 질문에 그림을 가리키며 또박또박 답했어요.
> "이 말은 백마예요. 그래서 따로 색칠하지 않았어요. 그리고 이 사람도 백인이에요. 그래서 얼굴을 색칠하지 않았어요. 그리고 이곳은 백사장이니까 역시 흰색으로 남겨 두었어요."
> "아, 백인, 백마, 백사장을 흰색으로 표현하려고 색칠하지 않았군요. 좋은 표현 방법이네요."

5 지우가 그린 그림으로 알맞은 것에 ○표를 하세요. ▶ 241027-0125

1 바닷가에서 수영하는 사람들 (   )

2 백사장을 달리는 백마와 이를 지켜보는 사람들 (   )

6 지우가 그림의 몇몇 곳을 색칠하지 않은 까닭은 무엇인가요? (   ) ▶ 241027-0126

① 흰색으로 표현하려고   ② 색칠을 하기가 귀찮아서
③ 색칠할 시간이 부족해서   ④ 색깔에 알맞은 크레파스가 없어서
⑤ 어떻게 색칠하는 것이 좋을지 고민이 되어서

어휘 더하기 - 백지장도 맞들면 낫다

백지 한 장도 양쪽에서 마주 들면 낫다는 말로, 쉬운 일이라도 협력하여 하면 훨씬 더 쉬워진다는 뜻의 속담.

| | | | 도 맞들면 낫다더니 청소도 둘이 하니까 |

훨씬 쉽다.

👆친절한 샘 '백지장'은 하얀 종이의 낱장을 말해요.

四 넉 사 가 들어간 어휘

○ 다음 한자의 뜻과 소리를 따라 써 보세요.

넉 사

뜻   소리

○ 다음 낱말을 큰 소리로 읽고, 그림과 함께 뜻을 생각해 보세요.

사방

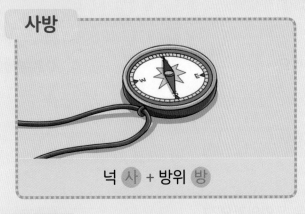

넉 사 + 방위 방

사계절

넉 사 + 계절 계 + 마디 절

사각형

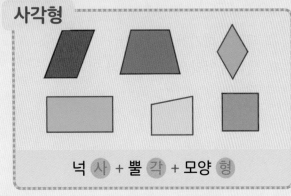

넉 사 + 뿔 각 + 모양 형

사촌

넉 사 + 마디 촌

○ 이미 알고 있는 낱말에 ✓표를 하세요.

☐ 사방 ☐ 사계절 ☐ 사각형 ☐ 사촌

○ 위 낱말마다 반복되는 글자를 찾아 붙임 딱지를 붙여 보세요.

붙임
딱지

붙임 딱지1 활용

사

◎ 다음 한자의 뜻을 생각해 보세요.

8급

막대기 4개를 나열해 숫자 4를 뜻했으나 三 자가 숫자 '석 삼(三)' 자와 자주 혼동되었기 때문에 '숨 쉬다'라는 뜻으로 쓰였던 四자를 숫자 '사'로 쓰기 시작했어요.

◎ 다음 낱말의 뜻을 알아보고, 빈칸을 채워 문장을 완성해 보세요.

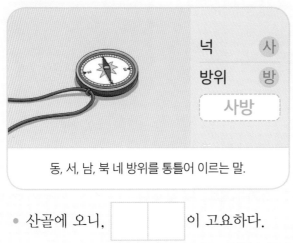

넉	사
방위	방

사방

동, 서, 남, 북 네 방위를 통틀어 이르는 말.

• 산골에 오니, ☐☐ 이 고요하다.

넉	사
계절	계
마디	절

사계절

봄 · 여름 · 가을 · 겨울의 네 철.

• 우리나라는 봄, 여름, 가을, 겨울 ☐☐☐ 이 뚜렷하다.

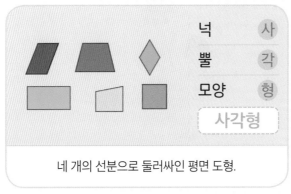

넉	사
뿔	각
모양	형

사각형

네 개의 선분으로 둘러싸인 평면 도형.

• 책상 위에 다양한 모양의 ☐☐☐

조각들이 놓여 있다.

👆 **친절한 샘** '선분'은 두 점을 잇는 선을 나타내요.

넉	사
마디	촌

사촌

아버지의 친형제자매의 아들이나 딸과의 촌수.

• ☐☐ 과 나는 자매처럼 닮았다.

1 다음 낱말의 밑줄 친 부분은 어떤 의미가 있나요? (　　　　) 241027-0127

> 사방　　　사촌　　　사계절　　　사각형

① 하나　　　　　　② 둘　　　　　　③ 셋
④ 넷　　　　　　　⑤ 다섯

2 다음 그림에 알맞은 낱말을 써 보세요. 241027-0128

삼각형　　　　　　　　　　　　　　　　오각형

3 다음 그림을 보고, 빈칸에 '아버지 동생의 딸'을 가리키는 말을 써 보세요. 241027-0129

작은어머니　작은아버지　　어머니　아버지

?　　　　　　　　나

"이 아이는 저와 　　　　 이에요."

4 빈칸에 들어갈 알맞은 낱말에 ○표를 하세요. 241027-0130

1 이 사막에선 (사방, 사계절)을 둘러보아도 모래 언덕뿐이다.

2 (사방, 사계절)이 뚜렷한 우리나라는 계절에 맞는 다양한 옷이 필요하다.

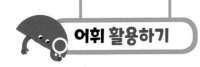

✓ 정답과 해설 18쪽

5~6 다음 글을 읽고, 물음에 답해 보세요.

> 사촌 동생이 우리 집에 놀러 왔어요. 나보다 두 살 어린 동생이에요. 엄마랑 숙모가 이야기꽃을 피우시는 동안 동생이랑 나랑은 함께 카드 게임도 하고, 블록 쌓기, 퍼즐 맞추기도 하였어요.
>
> 사촌 동생이 커다란 사각형 모양의 퍼즐 판을 들고 왔는데, 숙모께서 '봄, 여름, 가을, 겨울'의 풍경 퍼즐이라고 알려 주셨어요. 사계절의 모습을 나타낸 퍼즐이라면 분홍색은 봄, 초록은 여름, 노랗고 빨간 것은 가을, 갈색과 흰색 등은 겨울이겠구나 생각하고 퍼즐을 맞춰 나갔어요.
>
> 그런데 퍼즐을 다 맞추어 갈 때쯤 가을과 겨울 풍경의 퍼즐이 하나씩 빈 것이 드러났어요. 없어진 퍼즐 조각을 찾기 위해 사방에 흩어진 블록과 장난감 사이를 뒤지기 시작했어요. 결국 퍼즐 두 조각은 블록 통 아래에 깔린 채로 발견되었어요. 마지막 퍼즐 조각을 맞추어 풍경을 완성하고 나니 기분이 참 뿌듯했어요.

5 사촌 동생과 한 놀이를 <u>모두</u> 고르세요. (　　,　　,　　)

⏵ 241027-0131

① 얼음 땡　　　　② 카드 게임　　　　③ 블록 쌓기
④ 가위바위보　　　⑤ 퍼즐 맞추기

6 다음 색깔의 퍼즐은 어떤 계절의 풍경을 나타내는지 알맞게 선으로 이으세요.

⏵ 241027-0132

1 흰색　•　　　　　　　　　•　㉠ 봄

2 빨강　•　　　　　　　　　•　㉡ 여름

3 초록　•　　　　　　　　　•　㉢ 가을

4 분홍　•　　　　　　　　　•　㉣ 겨울

🔍 **어휘 더하기 – 사방팔방**

넉 사 + 방위 방 + 여덟 팔 + 방위 방

여기저기 모든 방향이나 방면을 뜻하는 말.

거리의 차들이 [　][　][　][　] 으로 빠르게 지나간다.

1 다음 뜻을 가진 낱말을 [보기]에서 찾아 써 보세요. ▶ 241027-0133

> 보기
>
> 백마   사부   백지   조부   문단속

1 '스승'을 높여 이르는 말. : (   )

2 사고가 없도록 문을 잘 잠그는 일. : (   )

3 아무것도 적지 않은 비어 있는 종이. : (   )

2 다음 그림에 어울리는 낱말에 ○표를 하세요. ▶ 241027-0134

1

(모성애, 부성애)

2

(사부, 조부)

3 빈칸에 들어갈 알맞은 낱말을 [보기]에서 찾아 써 보세요. ▶ 241027-0135

> 보기
>
> 사방   사계절   백사장   모국어   부전자전

1 그는 영어를 (   )처럼 능숙하게 사용한다.

2 전쟁이 벌어진 마을에는 (   )에서 총알이 날아들었다.

3 (   )에서 열심히 모래성을 쌓았는데, 파도가 모래성을 무너뜨려 버렸다.

4 다음 중 밑줄 친 낱말의 쓰임이 알맞지 <u>않은</u> 것은 무엇인가요? (   ) ▶ 241027-0136

① 엄마와 <u>이모</u>는 쌍둥이처럼 닮았다.

② <u>백마</u>가 붉은 털을 휘날리며 달린다.

③ <u>출입문</u>이 잠겨서 밖으로 나갈 수가 없다.

④ <u>부모</u>는 자식들에게 좋은 본보기가 되어야 한다.

⑤ 이 공원은 <u>사계절</u>의 변화가 잘 느껴지는 곳이다.

◎ 가로 열쇠와 세로 열쇠에서 설명하는 낱말을 [보기]에서 찾아 빈칸에 써 보세요.

보기

| 이모 | 백마 | 부모 | 모유 | 부성애 |
| 문단속 | 사계절 | 모국어 | 출입문 | 백사장 |

	1						
	2				3		4
5	6		7				
			8				

가 로 열 쇠(→)	세 로 열 쇠(↓)
1. 자식에 대한 아버지의 본능적인 사랑.	1. 아버지와 어머니를 아울러 이르는 말.
2. 자기 나라의 말.	4. 사고가 없도록 문을 잘 닫아 잠그는 일.
3. 드나드는 문.	6. 어머니의 젖.
5. 어머니의 여자 형제를 이르는 말.	7. 강가나 바닷가의 흰모래가 깔려 있는 곳.
7. 털빛이 흰 말.	
8. 봄 · 여름 · 가을 · 겨울의 네 철.	

火 불 화 가 들어간 어휘

○ 다음 한자의 뜻과 소리를 따라 써 보세요.

불 화
(뜻)   (소리)

○ 다음 낱말을 큰 소리로 읽고, 그림과 함께 뜻을 생각해 보세요.

화재

불 화 + 재앙 재

화력

불 화 + 힘 력

소화기

사라질 소 + 불 화 + 그릇 기

화요일

불 화 + 빛날 요 + 날 일

○ 이미 알고 있는 낱말에 ✓표를 하세요.

☐ 화재 ☐ 화력 ☐ 소화기 ☐ 화요일

○ 위 낱말마다 반복되는 글자를 찾아 붙임 딱지를 붙여 보세요.   붙임 딱지   붙임 딱지 l 활용

火

◉ 다음 한자의 뜻을 생각해 보세요.

火 8급

'火'는 불길이 솟아오르는 모습을 본떠 만든 글자예요. 다른 글자와 합하여 '열'이나 '불의 성질'을 뜻하는 말로 쓰여요.

◉ 다음 낱말의 뜻을 알아보고, 빈칸을 채워 문장을 완성해 보세요.

| 불 | 화 |
| 재앙 | 재 |

화재

불이 나는 재앙. 또는 불로 인한 재난.

• 건조한 겨울에는 ☐☐ 를 조심해야 한다.

👉 친절한 샘) '재앙'은 뜻하지 않게 생긴 사고나 자연 현상으로 인해 벌어진 불행한 일을 뜻해요.

| 불 | 화 |
| 힘 | 력 |

화력

불이 탈 때에 내는 열의 힘.

• 이 기계는 ☐☐ 이 매우 세다.

사라질	소
불	화
그릇	기

소화기

불을 끄는 기구.

• 과학 시간에 ☐☐☐ 사용법을 배웠다.

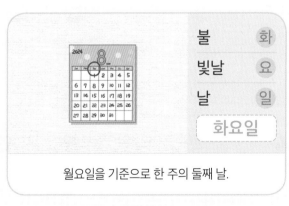

불	화
빛날	요
날	일

화요일

월요일을 기준으로 한 주의 둘째 날.

• 다음 주 ☐☐☐ 은 내 생일이다.

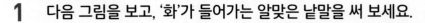

어휘 다지기 21 火 불 화

1 다음 그림을 보고, '화'가 들어가는 알맞은 낱말을 써 보세요. ▶ 241027-0137

2 빈칸에 들어갈 알맞은 낱말에 ○표를 하세요. ▶ 241027-0138

1 야외 캠핑 시 불을 사용할 때는 (소리, 화재)가 발생하지 않도록 조심해야 한다.

2 새로 산 난로는 (화력, 수력)이 세서 오랫동안 따뜻하다.

3 다음 빈칸에 들어갈 내용으로 알맞은 낱말을 써 보세요. ▶ 241027-0139

월요일 ➡ | | | | ➡ 수요일 ➡ 목요일 ➡ 금요일

4 다음 빈칸에 들어갈 알맞은 낱말은 무엇인가요? (   ) ▶ 241027-0140

> 대피 훈련 시간에 불이 났을 때의 행동 방법에 대해 배웠다.

① 화가   ② 전화   ③ 화재

④ 화약   ⑤ 소화기

어휘 활용하기

정답과 해설 19쪽

5~6 다음 글을 읽고, 물음에 답해 보세요.

지난주 화요일 우리 반은 119 안전 체험 센터로 현장 체험 학습을 갔어요. 센터에 도착하자 소방대원 선생님들이 우리를 반겨 주셨어요. 선생님들은 소화기를 사용하여 화재를 진압하는 시범을 보여 주셨어요. 시범이 끝난 다음 우리도 소화기 사용 방법을 배우고 직접 실습도 했어요.

친구들과 함께 맛있는 점심을 먹은 다음, 강당에 모여 야외 활동 중에 지켜야 할 화재 예방 규칙에 대해 배웠어요. 먼저 야외 활동을 할 때는 근처에 소화기가 어디에 있는지 알아 두어야 해요. 그래야 갑작스럽게 화재가 발생했을 때 불을 끌 수 있기 때문이죠. 둘째, 화력이 센 가스레인지를 사용할 때는 폭발하지 않도록 받침대보다 작은 불판을 사용해야 해요. 셋째, 텐트에서 난로를 피우는 경우 자주 환기해야 해요. 화재 예방 규칙들도 배우고 직접 소화기도 사용해 보는 의미 있는 시간이었어요.

5 우리 반 친구들이 화요일에 경험한 일이 <u>아닌</u> 것은 무엇인가요? (   )

▶ 241027-0141

① 소화기 사용 방법을 배웠다.
② 소방대원 선생님들을 만났다.
③ 119 안전 체험 센터에 다녀왔다.
④ 나이가 어려서 소화기를 직접 사용하지는 못했다.
⑤ 야외 활동에서 지켜야 할 화재 예방 규칙을 배웠다.

6 야외 활동에서 지켜야 할 화재 예방 규칙 <u>두 가지</u>를 고르세요. (,   )

▶ 241027-0142

① 친구들과 불장난을 한다.
② 소화기의 위치를 기억한다.
③ 텐트의 환기는 되도록 하지 않는다.
④ 여러 가지 조리 기구를 사용해 본다.
⑤ 가스레인지 사용 시 받침대보다 작은 불판을 사용한다.

어휘 더하기 - 풍전등화

바람 풍 + 앞 전 + 등 등 + 불 화

바람 앞의 등불이라는 뜻으로, 사물이 매우 위태로운 처지에 놓여 있음을 비유적으로 이르는 말.

기후 변화로 인해 지구의 미래가

의 위기에 놓여 있다.

兄 형 **형**이 들어간 어휘

공부한 날짜   월   일

◎ 다음 한자의 뜻과 소리를 따라 써 보세요.

兄 형 형

뜻   소리

◎ 다음 낱말을 큰 소리로 읽고, 그림과 함께 뜻을 생각해 보세요.

형제

형 형 + 아우 제

친형

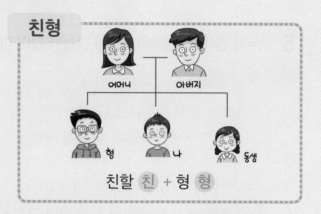

친할 친 + 형 형

형제애

형 형 + 아우 제 + 사랑 애

형제자매

형 형 + 아우 제 + 윗누이 자 + 누이 매

○ 이미 알고 있는 낱말에 ✓표를 하세요.

☐ 형제   ☐ 친형   ☐ 형제애   ☐ 형제자매

○ 위 낱말마다 반복되는 글자를 찾아 붙임 딱지를 붙여 보세요.

붙임 딱지

붙임 딱지 1 활용

○ 다음 한자의 뜻을 생각해 보세요.

8급

사람이 하늘을 향해 입을 크게 벌리고 있는 모습을 표현한 것으로, '형'이나 '맏이'라는 뜻을 가지고 있어요.

○ 다음 낱말의 뜻을 알아보고, 빈칸을 채워 문장을 완성해 보세요.

| 형 | 형 |
| 아우 | 제 |

형제

형과 아우를 아울러 이르는 말.

• 우리 [ ][ ] 는 사이가 좋다.

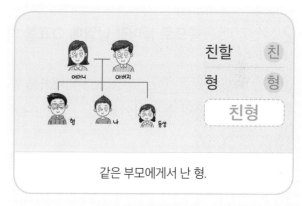

| 친할 | 친 |
| 형 | 형 |

친형

같은 부모에게서 난 형.

• 사촌 형은 [ ][ ] 처럼 나를 잘 챙겨준다.

형	형
아우	제
사랑	애

형제애

형이나 아우 또는 동기에 대한 사랑.

• 나와 형은 [ ][ ][ ] 가 깊다.

형	형
아우	제
윗누이	자
누이	매

형제자매

남자 형제와 여자 형제를 함께 이르는 말.

• 나는 [ ][ ][ ][ ] 가 많아서 심심할 틈이 없다.

친절한 샘 '동기'는 같은 시기에 같은 곳에서 교육을 함께 받은 사람을 뜻해요. 우리 학교의 같은 학년 친구들은 '동기'라고 할 수 있어요.

兄 형 형

1 다음 낱말의 뜻을 알맞게 선으로 이어 보세요.
241027-0143

[1] 친형 •

[2] 형제애 •

[3] 형제 •

• ㉠ 형이나 아우 또는 동기에 대한 사랑.

• ㉡ 같은 부모에게서 난 형.

• ㉢ 형과 아우를 아울러 이르는 말.

2 빈칸에 공통으로 들어갈 낱말에 ○표를 하세요.
241027-0144

• 라이트 [   ]는 최초로 비행기를 만들었다.
• 나와 우리 형은 사이좋은 [   ]다.

[1] 자매 (   )   [2] 형제 (   )   [3] 형제애 (   )

3 다음 뜻을 가진 낱말에 ○표를 하세요.
241027-0145

남자 형제와 여자 형제를 함께 이르는 말

[1] 형제자매 (   )   [2] 호형호제 (   )   [3] 난형난제 (   )

4 밑줄 친 글자 중 '형 형(兄)'자가 사용되지 <u>않은</u> 낱말은 무엇인가요? (   )
241027-0146

① <u>형</u>님   ② 삼각<u>형</u>   ③ 친<u>형</u>

④ <u>형</u>제애   ⑤ <u>형</u>제자매

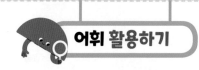
5~6 다음 글을 읽고, 물음에 답해 보세요.

오늘은 저의 형제자매를 소개하려고 해요. 먼저 저의 친형은 11살로 4학년이에요. 형의 취미는 보드게임이고 특기는 태권도예요. 우리 형은 저랑 세 살 차이밖에 나지 않지만 저를 항상 잘 보살펴 줘요. 특히 놀이터에 가면 그네를 항상 저에게 먼저 양보해주고, 보드게임을 할 때도 규칙을 친절하게 알려 줘요. 저는 형과 보드게임 하는 것을 제일 좋아해요. 우리 형제는 한 번도 다툰 적이 없어 이웃 사람들이 형제애가 좋다고 부러워해요.

다음으로 여동생은 6살이고 저와 두 살 차이가 나요. 동생은 시소 타는 것을 가장 좋아해요. 우리는 매일 오후 놀이터에 가서 놀아요. 동생은 아직 어려서 같이 할 수 있는 보드게임이 많지 않아요. 동생이 얼른 초등학교에 가서 같이 학교도 다니고 더 많은 보드게임을 함께 할 수 있으면 좋겠어요. 저는 서로 사이 좋은 형제자매가 있어서 너무 좋아요.

5 글쓴이가 형에 대해 소개한 내용으로 옳지 <u>않은</u> 것은 무엇인가요? (   )

▶ 241027-0147

① 11살이다.
② 나와 자주 다툰다.
③ 취미는 보드게임이다.
④ 나와 세 살 차이가 난다.
⑤ 나를 항상 잘 보살펴 준다.

6 윗글을 쓴 '나'는 몇 살인지 빈칸에 숫자로 쓰세요.

▶ 241027-0148

(   )살

어휘 **더하기 – 호형호제**

부를 호 + 형 형 + 부를 호 + 아우 제

서로 형이니 아우니 하고 부른다는 뜻으로, 매우 가까운 친구로 지냄을 이르는 말.

나와 민수는 서로 [ ][ ][ ][ ] 하는 사이다.

八 여덟 **팔** 이 들어간 어휘

◎ 다음 한자의 뜻과 소리를 따라 써 보세요.

八　여덟 팔

뜻　　　소리

◎ 다음 낱말을 큰 소리로 읽고, 그림과 함께 뜻을 생각해 보세요.

팔월

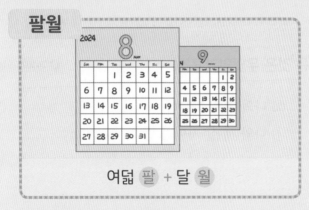

여덟 팔 + 달 월

팔순

여덟 팔 + 열흘 순

팔도

여덟 팔 + 길 도

팔각형

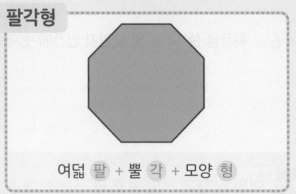

여덟 팔 + 뿔 각 + 모양 형

○ 이미 알고 있는 낱말에 ✓표를 하세요.

　　□ 팔월　□ 팔순　□ 팔도　□ 팔각형

○ 위 낱말마다 반복되는 글자를 찾아 붙임 딱지를 붙여 보세요.　붙임 딱지　붙임 딱지 I 활용

류 日

◎ 다음 한자의 뜻을 생각해 보세요.

8급

八

사물이 반으로 쪼개진 모습을 그린 글자로, '여덟'이나 '여덟 번'이라는 뜻을 나타내요.

◎ 다음 낱말의 뜻을 알아보고, 빈칸을 채워 문장을 완성해 보세요.

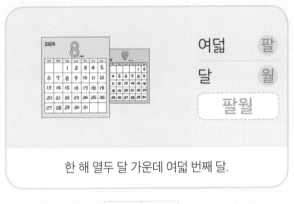

| 여덟 | 팔 |
| 달 | 월 |

팔월

한 해 열두 달 가운데 여덟 번째 달.

• 여름 방학은 ☐☐ 십오일까지다.

| 여덟 | 팔 |
| 열흘 | 순 |

팔순

여든 살.

• 할머니께서는 올해 ☐☐ 을 맞으셨다.

| 여덟 | 팔 |
| 길 | 도 |

팔도

우리나라 전체를 이르는 말.

• 그는 조선 ☐☐ 에서 제일가는 부자이다.

여덟	팔
뿔	각
모양	형

팔각형

여덟 개의 선분으로 둘러싸인 평면 도형.

• 수학 시간에 선분이 여덟 개로 이루어진 ☐☐☐ 에 대해 배웠다.

👆 **친절한 샘** 한반도는 강원도, 경기도, 경상도, 전라도, 충청도, 평안도, 함경도, 황해도의 팔도로 나눌 수 있어요.

1 다음 그림에 알맞은 낱말에 ○표를 하세요.

241027-0149

1 예순 (   )

2 팔순 (   )

3 돌잔치 (   )

2 다음 뜻을 가진 낱말에 ○표를 하세요.

241027-0150

우리나라 전체를 이르는 말

1 팔도 (   )   2 국가 (   )   3 경상도 (   )

3 다음 낱말에서 밑줄 친 글자의 뜻은 무엇인가요? (   )

241027-0151

팔순   팔도   팔각형   팔월

① 다섯   ② 여섯   ③ 일곱   ④ 여덟   ⑤ 아홉

4 빈칸에 들어갈 알맞은 낱말에 ○표를 하세요.

241027-0152

1 나의 꿈은 배낭을 메고 (노래, 팔도)를 여행하는 것이다.

2 일 년 중 평균 기온이 가장 높은 달은 (팔순, 팔월)이다.

3 팔각정은 (팔각형, 육각형) 모양의 정자를 뜻하는 낱말이다.

5~6 다음 글을 읽고, 물음에 답해 보세요.

> 매년 팔월 이십일에 우리 가족은 한자리에 모인다. 우리 집에서 제일 어른인 할머니의 생신이기 때문이다. 올해는 할머니 팔순 생신을 맞아 전국 팔도에 흩어져 살아서 자주 만나지 못했던 친척들까지 모두 모였다. 몇 년 만에 사촌 언니와 오빠들도 만날 수 있어서 정말 기뻤다.
>
> 나와 사촌 언니, 사촌 오빠는 할머니를 기쁘게 해 드리기 위해 춤과 노래를 준비했다. 동생은 유치원에서 색종이로 만든 팔각형 모양의 왕관을 할머니께 씌워 드렸다. 할머니는 우리가 준비한 선물을 좋아하셨다. 어른들은 생신 케이크와 맛있는 음식을 준비하셨다. 할머니께서는 오랜만에 온 가족이 모여 행복하다고 말씀하셨다. 맛있는 케이크와 저녁도 먹고 할머니 생신도 축하해 드려서 뿌듯한 하루였다.

5 8월 20일은 누구의 생일인가요? (   )

▶ 241027-0153

① 고모   ② 나   ③ 사촌 언니   ④ 어머니   ⑤ 할머니

6 윗글의 내용으로 적절하지 <u>않은</u> 것은 무엇인가요? (   )

▶ 241027-0154

① 전국에 흩어져 살던 가족들이 모였다.
② 어른들은 생신 케이크와 음식을 준비하셨다.
③ '나'는 사촌 언니, 오빠들과 춤과 노래를 준비했다.
④ 할머니께서는 우리가 준비한 선물들을 좋아하셨다.
⑤ 동생은 유치원에서 만든 육각형 모양의 색종이 왕관을 준비했다.

어휘 더하기 - 팔도강산

여덟 팔 + 길 도 + 강 강 + 산 산

팔도의 강산이라는 뜻으로, 우리나라 전체의 강산을 이르는 말.

전국 배낭여행을 하면서 [   ][   ][   ][   ]의

아름다움을 즐겼다.

手 손 수 가 들어간 어휘

◎ 다음 한자의 뜻과 소리를 따라 써 보세요.

손 수
뜻   소리

◎ 다음 낱말을 큰 소리로 읽고, 그림과 함께 뜻을 생각해 보세요.

선수

가릴 선 + 손 수

박수

칠 박 + 손 수

가수

노래 가 + 손 수

수작업

손 수 + 지을 작 + 업 업

○ 이미 알고 있는 낱말에 ✓표를 하세요.

☐ 선수 ☐ 박수 ☐ 가수 ☐ 수작업

○ 위 낱말마다 반복되는 글자를 찾아 붙임 딱지를 붙여 보세요.   붙임 딱지   붙임 딱지 | 활용

◉ 다음 한자의 뜻을 생각해 보세요.

7급Ⅱ
手

'手'는 사람의 손을 그린 모습을 나타낸 글자로, '손'이나 '재주', '방법', '사람'이라는 뜻을 가지고 있어요.

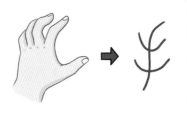

◉ 다음 낱말의 뜻을 알아보고, 빈칸을 채워 문장을 완성해 보세요.

가릴   선
손   수

선수

운동 경기나 기술 등에서 대표로 뽑힌 사람.
또는 스포츠를 직업으로 하는 사람.

• 그는 올림픽 국가 대표 ☐☐ 로

뽑혔다.

👆친절한 샘 여기에서 '수(手)'는 '사람'을 나타내는 뜻으로 사용되었어요.

칠   박
손   수

박수

기쁨, 찬성, 환영을 나타내거나
장단을 맞추려고 두 손뼉을 마주침.

• 공연이 끝나고 나는 힘껏 ☐☐ 를

쳤다.

노래   가
손   수

가수

노래 부르는 것이 직업인 사람.

• 좋아하는 ☐☐ 의 공연에 다녀왔다.

👆친절한 샘 '가수'의 '수(手)'도 '사람'을 나타내는 뜻으로 사용되었어요.

손   수
지을   작
업   업

수작업

손으로 직접 하는 작업.

• 할아버지께서 ☐☐☐ 으로 옷을

만들어 주셨다.

👆친절한 샘 '작업'은 어떤 일을 하는 것 또는 계획을 가지고 하는 일을 뜻하는 말이에요.

1 빈칸에 들어갈 알맞은 낱말을 쓰세요.   ▶ 241027-0155

　1 노래 부르는 것이 직업인 사람. ➡ ☐☐

　2 운동 경기나 기술 등에서 대표로 뽑힌 사람. ➡ ☐☐

2 다음 낱말의 밑줄 친 글자가 나타내는 뜻을 그림에서 찾아 ○표를 하세요.   ▶ 241027-0156

수작업

박수

3 빈칸에 들어갈 알맞은 낱말에 ○표를 하세요.   ▶ 241027-0157

　1 연주자의 멋진 공연에 (선수, 박수)를 아끼지 않았다.

　2 벚꽃 축제 공연에 유명한 (가수, 목수)를 초대했다.

4 다음 빈칸에 들어갈 알맞은 말을 쓰세요. (　　　　　　)   ▶ 241027-0158

손으로 한 땀 한 땀 바느질하여 ☐ㅅ ☐ㅈ ☐ㅇ 으로 인형을 만들고 있다.

 **어휘 활용하기**

✅ 정답과 해설 20쪽

5~6 **다음 글을 읽고, 물음에 답해 보세요.**

> 장래 희망이란 하고 싶은 일이나 직업을 말해요. 여러분의 장래 희망은 무엇인가요? 오늘은 여러 가지 직업에 대해 소개하려고 해요.
>
> 노래하는 것을 좋아하는 사람은 '가수'를 장래 희망으로 생각해 볼 수 있어요. 꾸준한 노래 연습을 통해 인기 가수가 되면 무대 위에서 좋아하는 노래를 부르고 많은 사람들의 박수를 받을 수 있어요.
>
> 운동을 잘하는 사람이라면 '운동선수'를 직업으로 선택할 수 있어요. 운동선수가 되려면 먼저 자신이 잘하는 운동 종목이 무엇인지 살펴본 다음 체력과 기술을 키우기 위해 노력해야 해요. 국가 대표를 뽑는 시험에 합격하면 우리나라를 대표해서 올림픽이나 세계 선수권 대회에 참가할 수 있어요.
>
> 옷에 관심이 많은 사람은 '의상 디자이너'가 될 수 있어요. 디자이너는 컴퓨터로 옷의 형태를 그리거나 수작업으로 옷을 만들어요. 디자이너가 되면 내가 만든 옷을 사람들이 입고 다니는 모습을 볼 수 있어요.

5 노래하는 것을 좋아하는 사람은 어떤 직업을 가질 수 있는지 빈칸에 쓰세요.

▶ 241027-0159

6 윗글의 내용으로 알맞지 <u>않은</u> 것은 무엇인가요? (　　　)

▶ 241027-0160

① 디자이너는 항상 컴퓨터로만 옷을 만든다.
② 가수가 되기 위해서는 노래를 연습해야 한다.
③ 장래 희망은 하고 싶은 일이나 직업을 말한다.
④ 인기 가수가 되면 많은 사람들의 박수를 받을 수 있다.
⑤ 국가 대표 선수가 되면 올림픽이나 세계 대회에 나갈 수 있다.

어휘 더하기 - 교통수단

사귈 교 + 통할 통 + 손 수 + 구분 단

사람이 이동하거나 짐을 옮기는 데 쓰는 수단.

지하철은 서울의 중요한 [　][　][　][　] 이다.

足 발 족 이 들어간 어휘

○ 다음 한자의 뜻과 소리를 따라 써 보세요.

足 발 족
뜻   소리

○ 다음 낱말을 큰 소리로 읽고, 그림과 함께 뜻을 생각해 보세요.

족구

발 족 + 공 구

족욕

발 족 + 목욕할 욕

부족

아닐 부 + 발 족

자기만족

스스로 자 + 몸 기 + 찰 만 + 발 족

○ 이미 알고 있는 낱말에 ✓표를 하세요.

☐ 족구 ☐ 족욕 ☐ 부족 ☐ 자기만족

○ 위 낱말마다 반복되는 글자를 찾아 붙임 딱지를 붙여 보세요.

붙임
딱지

붙임 딱지 활용

눈 足

◎ 다음 한자의 뜻을 생각해 보세요.

7급Ⅱ

'足'은 성을 향해 걸어가는 모습을 나타낸 글자로, '발'이나 '만족하다'는 뜻을 가지고 있어요.

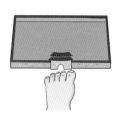

◎ 다음 낱말의 뜻을 알아보고, 빈칸을 채워 문장을 완성해 보세요.

| 발 | 족 |
| 공 | 구 |

족구

발로 공을 차서 네트를 넘겨 승부를 겨루는 경기.

• 3학년과의 ☐☐ 경기에서 2점 차로 이겼다.

| 발 | 족 |
| 목욕할 | 욕 |

족욕

두 발을 따뜻한 물과 차가운 물 속에 번갈아 담그는 목욕.

• ☐☐ 을 하기 전에는 발을 깨끗이 씻어야 한다.

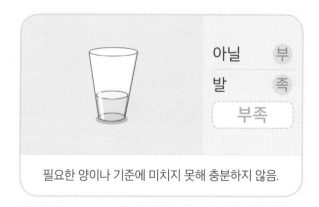

| 아닐 | 부 |
| 발 | 족 |

부족

필요한 양이나 기준에 미치지 못해 충분하지 않음.

• 목이 말라서 물의 양이 ☐☐ 했다.

스스로	자
몸	기
찰	만
발	족

자기만족

자기 자신이나 자신의 행동에 대하여 스스로 흡족하게 여김.

• 그림 그리기 대회에서 상을 받은 나는 ☐☐☐☐ 에 빠졌다.

👆 **친절한 샘** 여기서 '족'은 '만족하다'라는 뜻으로 사용되었어요.

👆 **친절한 샘** 여기서도 '족'이 '만족하다'라는 뜻으로 사용되었어요.

足 발 족

1 다음 낱말의 뜻을 알맞게 선으로 이어 보세요. ▶ 241027-0161

1 족구 •

2 부족 •

3 족욕 •

• ㉠ 필요한 양이나 기준에 미치지 못해 충분하지 않음.

• ㉡ 두 발을 따뜻한 물과 차가운 물 속에 번갈아 담그는 목욕.

• ㉢ 발로 공을 차서 네트를 넘겨 승부를 겨루는 경기.

2 다음 낱말의 밑줄 친 글자가 나타내는 뜻을 그림에서 찾아 ○표를 하세요. ▶ 241027-0162

족구

족욕

3 빈칸에 들어갈 알맞은 낱말을 [보기]에서 찾아 써 보세요. ▶ 241027-0163

> **보기**
>
> 족구   자기만족   족욕   부족

1 돼지 저금통을 가득 채우기에는 동전이 아직 (   )하다.

2 (   ) 경기에서 손을 사용하는 것은 반칙이다.

4 다음 뜻을 가진 낱말에 ○표를 하세요. ▶ 241027-0164

> 자기 자신이나 자신의 행동에 대하여 스스로 흡족하게 여김.

1 자신만만 (   )   2 자기만족 (   )   3 자유자재 (   )

5~6 다음 글을 읽고, 물음에 답해 보세요.

> 20○○년 ○월 ○일 ○요일 날씨: 맑음
>
> 오늘은 3학년 형들과 족구 시합이 있는 날이다. 이날을 위해 지난 여름 방학 동안 훈련도 하고 연습 경기도 많이 했다. 첫 세트는 0-1로 우리가 졌다. 역시 3학년 형들은 키도 크고 실력도 만만치 않다는 것이 느껴졌다. 두 번째 세트가 시작되고 점점 우리 2학년 팀의 실력이 살아나기 시작했다. 두 번째 세트에서 나는 민수에게서 건네받은 공을 네트에 살짝 넘기면서 득점에 성공했다. 두 번째 세트에서는 우리가 이겨 점수는 1-1이 되었다. 마지막 세트에서 팽팽한 경기를 치른 결과 우리 2학년이 승리했다! 방학 동안 열심히 연습한 보람이 있었다. 감독님께서도 나의 실력이 많이 좋아졌다고 칭찬해 주셨다. 하지만 자기만족에 빠지지 않고 부족한 부분들을 더욱 열심히 연습해야겠다. 오늘 하루 고생한 나의 발을 위해 족욕을 한 다음 잠들어야겠다. 기분 좋고 뿌듯한 하루였다.

5 윗글의 내가 오늘 시합한 경기 종목은 무엇인가요?

▶ 241027-0165

☐☐

6 일기를 읽고 알 수 있는 내용으로 알맞지 <u>않은</u> 것은 무엇인가요? (   )

▶ 241027-0166

① '나'는 두 번째 세트에서 득점했다.
② 오늘 2학년과 3학년이 족구 경기를 했다.
③ 첫 번째 세트에서는 2학년 학생들이 이겼다.
④ '나'는 여름 방학 동안 족구 훈련에 참여했다.
⑤ '나'는 족욕을 하고 잠자리에 들겠다고 결심했다.

어휘 더하기 - 자급자족

스스로 **자** + 줄 **급** + 스스로 **자** + 발 **족**

필요한 물자를 스스로 생산하여 충당함을 이르는 말.

원시인들은 사냥을 통해 먹을 것을

☐☐☐☐ 했다.

1 낱말의 뜻을 [보기]에서 찾아 기호를 써 보세요. ▶ 241027-0167

> 보기
>
> ㉠ 불을 끄는 기구. ㉡ 형과 아우를 아울러 이르는 말.
>
> ㉢ 필요한 양이나 기준에 미치지 못해 충분하지 않음.

1 부족 (   )　　　2 소화기 (   )　　　3 형제 (   )

2 다음 그림에 어울리는 낱말에 ○표를 하세요. ▶ 241027-0168

1

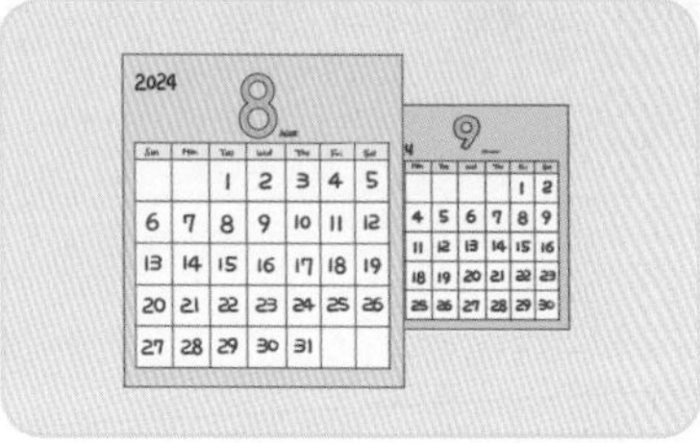

(삼월, 팔월)

2

(족구, 박수)

3 빈칸에 들어갈 알맞은 낱말을 [보기]에서 찾아 써 보세요. ▶ 241027-0169

> 보기
>
> 가수　　화재　　팔각형　　형제자매

1 텔레비전에서 내가 가장 좋아하는 (   )의 노래가 나왔다.

2 아파트에서 (   ) 경보기가 울려 많은 사람들이 놀랐다.

3 나는 동생 2명, 언니 1명으로 총 3명의 (   )가 있다.

4 다음 밑줄 친 부분과 의미가 같은 낱말을 [보기]에서 찾아 써 보세요. ▶ 241027-0170

> 보기
>
> 팔도　　팔순　　수작업　　화력

1 외할아버지는 올해 <u>80세</u>이시다. ➡ (   )

2 이 그릇은 내가 <u>손으로 직접 만든</u> 것이다. ➡ (   )

◎ **[보기]에서 설명하고 있는 낱말을 아래에서 찾아 색칠해 보세요.**

1. 불이 탈 때 내는 열의 힘.

2. 형과 아우를 아울러 이르는 말.

3. 여덟 개의 선분으로 둘러싸인 평면 도형.

4. 발로 공을 차서 네트를 넘겨 승부를 겨루는 경기.

5. 필요한 양이나 기준에 미치지 못해 충분하지 않음.

6. 두 발을 따뜻한 물과 차가운 물 속에 번갈아 담그는 목욕.

7. 기쁨, 찬성, 환영을 나타내거나 장단을 맞추려고 두 손뼉을 마주침.

자	적	너	족	수	재	부
요	족	팔	각	형	구	팔
손	하	박	후	제	력	족
구	미	수	족	구	순	가
팔	사	부	강	화	도	사
화	팔	족	욕	력	형	도
박	작	화	만	소	산	각

◎ **어떤 숫자가 생겼나요? (   )**

上 윗 상이 들어간 어휘

● 다음 한자의 뜻과 소리를 따라 써 보세요.

上 윗 상
뜻   소리

● 다음 낱말을 큰 소리로 읽고, 그림과 함께 뜻을 생각해 보세요.

세상
인간 세 + 윗 상

옥상
집 옥 + 윗 상

상의
윗 상 + 옷 의

상수도
윗 상 + 물 수 + 길 도

○ 이미 알고 있는 낱말에 ✓표를 하세요.

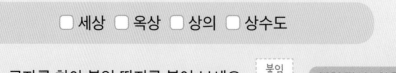

☐ 세상 ☐ 옥상 ☐ 상의 ☐ 상수도

○ 위 낱말마다 반복되는 글자를 찾아 붙임 딱지를 붙여 보세요.

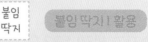

붙임 딱지

붙임 딱지1 활용

🔵 다음 한자의 뜻을 생각해 보세요.

上 7급Ⅱ

물건이 어떤 것 위에 있음을 나타내는 글자로, '위'나 '앞'의 뜻을 가지고 있어요.

🔵 다음 낱말의 뜻을 알아보고, 빈칸을 채워 문장을 완성해 보세요.

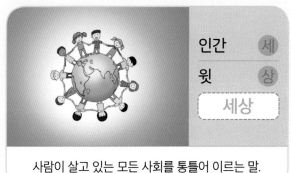

| 인간 | 세 |
| 윗 | 상 |

세상

사람이 살고 있는 모든 사회를 통틀어 이르는 말.

• 나의 꿈은 세계를 여행하며 온 ☐☐ 을 구경하는 것이다.

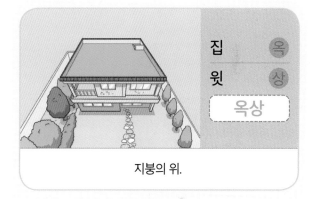

| 집 | 옥 |
| 윗 | 상 |

옥상

지붕의 위.

• 높은 건물에 올라갔더니 우리 집 ☐☐ 이 보였다.

| 윗 | 상 |
| 옷 | 의 |

상의

위에 입는 옷.

• 날씨가 더워져 소매가 짧은 ☐☐ 를 입었다.

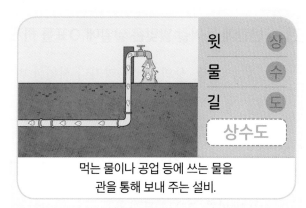

윗	상
물	수
길	도

상수도

먹는 물이나 공업 등에 쓰는 물을 관을 통해 보내 주는 설비.

• ☐☐☐ 공사로 인해 당분간 물이 나오지 않는다.

👆**친절한 샘** 상수도의 반대말은 '하수도'로, 빗물이나 집에서 쓰고 버린 더러운 물이 흘러가도록 만든 시설을 말해요.

上 윗 상

1 다음 빈칸에 공통으로 들어갈 알맞은 글자를 써 보세요.   ▶ 241027-0171

세☐   옥☐   ☐수도   ☐의

☐

2 다음 그림에 알맞은 낱말을 선으로 이어 보세요.   ▶ 241027-0172

1   • ㉠ 상의

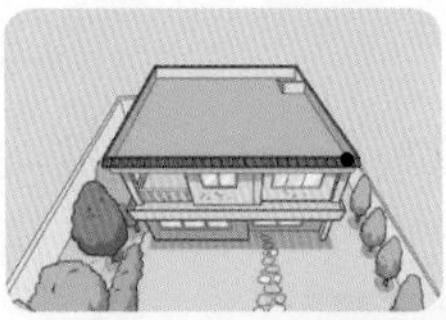

2   • ㉡ 옥상

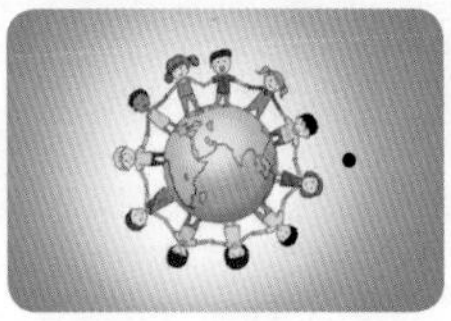

3   • ㉢ 세상

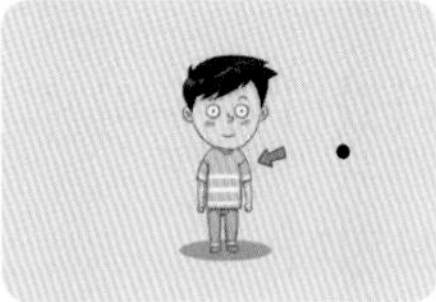

3 빈칸에 들어갈 알맞은 낱말에 ○표를 하세요.   ▶ 241027-0173

1 (옥상, 상의)에 올라가니 시원한 바람이 불었다.

2 정전으로 온 (세상, 상수도)이 어두워졌다.

4 다음 중 밑줄 친 낱말의 쓰임이 어색한 것은 무엇인가요? (   )   ▶ 241027-0174

① 날씨가 추우니 두꺼운 상의를 입어야 한다.
② 경찰이 도둑을 쫓아 아파트 옥상까지 올라갔다.
③ 세계 여행을 하면서 온 세상 사람들을 다 만났다.
④ 상수도 설치 덕분에 깨끗한 물을 마시게 되었다.
⑤ 치마, 바지 등은 3층 상의 코너에서 찾을 수 있다.

5~6 다음 글을 읽고, 물음에 답해 보세요.

> 세상 사람들은 각자 사는 지역의 환경에 따라 서로 다른 방식으로 살아가요. 먹는 음식이나 입는 옷, 머무는 집의 형태도 지역마다 달라요. 사막 지역에서는 뜨거운 햇빛과 거센 모래바람으로부터 몸을 보호하기 위해 긴 상의를 입어요. 비가 많이 오는 지역에서는 비가 고이지 않도록 옥상이 없는 삼각형 모양의 지붕을 만들고, 눈이 많이 오는 북극 지역에서는 얼음으로 집을 지어요.
>
> 건물, 교통 등도 사람들의 생활 모습에 많은 영향을 줘요. 상수도 시설이 없어 물이 부족한 지역에서는 물을 쉽게 구하기 위해 사람들이 강가나 하천 근처에 많이 살아요. 또 사람들은 교통이 편리한 지역에 많이 모여 살아요. 이처럼 주변 환경에 따라 사람들이 살아가는 모습은 다양하게 나타나요.

5 물이 부족한 지역 사람들은 어디에 주로 사는지 두 가지를 찾아 쓰세요.   ▶ 241027-0175

		나			근처

6 사람들의 생활 모습에 대한 설명으로 옳지 <u>않은</u> 것은 무엇인가요? (   )   ▶ 241027-0176

① 사막 지역에서는 긴 상의를 입는다.
② 북극 지역에서는 얼음으로 집을 짓는다.
③ 사막 지역의 옷은 모래바람과 관련이 있다.
④ 사람들은 주로 교통이 편리한 지역에 모여 살지 않는다.
⑤ 비가 많이 오는 지역에서는 비가 고이지 않도록 집을 짓는다.

어휘 더하기 - 막상막하

없을 막 + 윗 상 + 없을 막 + 아래 하

더 낫고 더 못함의 차이가 거의 없음을 이르는 말.

청팀과 백팀의 실력이 [   ][   ][   ][   ]라 결과를 예상하기 어려웠다.

○ 다음 한자의 뜻과 소리를 따라 써 보세요.

아래 하
뜻   소리

○ 다음 낱말을 큰 소리로 읽고, 그림과 함께 뜻을 생각해 보세요.

하의

아래 하 + 옷 의

하차

아래 하 + 차 차

영하

영 영 + 아래 하

지하철

땅 지 + 아래 하 + 쇠 철

○ 이미 알고 있는 낱말에 ✓표를 하세요.

☐ 하의 ☐ 하차 ☐ 영하 ☐ 지하철

○ 위 낱말마다 반복되는 글자를 찾아 붙임 딱지를 붙여 보세요.

◎ 다음 한자의 뜻을 생각해 보세요.

7급Ⅱ

물건이 어떤 것 아래에 있음을 나타내는 글자로, '아래', '밑', '내리다'라는 뜻을 가지고 있어요.

◎ 다음 낱말의 뜻을 알아보고, 빈칸을 채워 문장을 완성해 보세요.

| 아래 | 하 |
| 옷 | 의 |

하의

아래에 입는 옷.

• 바지, 치마와 같이 아래에 입는 옷을

☐☐ 라고 한다.

| 아래 | 하 |
| 차 | 차 |

하차

타고 있던 차에서 내림.

• 나는 학교에 가기 위해 버스에서

☐☐ 했다.

 친절한 샘 여기에서는 '下'가 '내리다.'의 뜻으로 사용되었
어요.

| 영 | 영 |
| 아래 | 하 |

영하

섭씨온도계에서, 눈금이 0℃ 이하의 온도.

• 겨울에는 온도가 ☐☐ 로

내려가기도 한다.

땅	지
아래	하
쇠	철

지하철

지하 철도 위를 달리는 전동차.

• ☐☐☐ 을 타고 서울 여행을

하고 싶다.

1 낱말의 뜻을 바르게 설명한 것에 〇표를 하세요.

241027-0177

1 하차: 차에 올라탐. (   )

2 영하: 0℃보다 높은 온도. (   )

3 지하철: 지하 철도 위를 달리는 전동차. (   )

2 다음 그림이 나타내는 낱말을 써 보세요.

241027-0178

3 다음 밑줄 친 글자 중 '아래 하(下)' 자가 사용되지 않은 것은 무엇인가요? (   )

241027-0179

① 영하   ② 하천   ③ 하차

④ 하의   ⑤ 지하철

4 다음 [보기]의 낱말을 활용하여 빈칸을 완성해 보세요.

241027-0180

보기

영하   하차   하의   지하철

기온이 [   ][   ] 로 떨어져서 두꺼운 [   ][   ] 를 챙겨 입었다.

정답과 해설 22쪽

5~6 다음 글을 읽고, 물음에 답해 보세요.

서울은 대한민국의 수도예요. 볼거리가 많고 먹거리도 다양해서 언제 방문해도 만족스러운 여행을 할 수 있지만 특히 겨울에 서울을 여행할 때 알아 두어야 할 점들을 소개하려고 해요.

먼저 겨울철 서울의 날씨는 대부분 영하로 내려가서 매우 추워요. 그러므로 상의, 하의 모두 따뜻하게 챙겨 입고 오는 것이 좋아요. 또한 서울에서 이동할 때는 지하철을 이용하면 편리해요. 대부분의 관광지가 지하철역에서 하차하면 쉽게 도착할 수 있는 곳에 위치해 있기 때문이죠. 서울의 대표 관광지인 경복궁, 덕수궁, 명동 모두 지하철역과 가까운 곳에 있어요. 서울을 여행하면서 즐길 수 있는 먹거리도 참 다양해요. 서울을 여행하면서 먹을 수 있는 겨울철 음식에는 군고구마, 호떡, 붕어빵과 같은 길거리 음식이 있어요. 모두 한국 사람들이 즐겨 먹는 겨울철 간식이지요.

5 서울에 대한 설명으로 알맞지 <u>않은</u> 것은 무엇인가요? (   )

▶ 241027-0181

① 서울은 한국의 수도다.
② 겨울철 서울의 날씨는 대부분 영하다.
③ 서울은 지하철로 여행하기에 불편하다.
④ 서울 여행을 하면서 즐길 수 있는 먹거리가 많다.
⑤ 서울의 대표적인 관광지에는 경복궁, 덕수궁, 명동 등이 있다.

6 서울에서 즐길 수 있는 겨울철 간식으로 소개한 것을 찾아 빈칸에 쓰세요.

▶ 241027-0182

군고구마, ☐☐ , ☐☐☐

어휘 더하기 - 천상천하

하늘 천 + 윗 상 + 하늘 천 + 아래 하

하늘 위와 하늘 아래라는 뜻으로, 온 세상을 이르는 말.

☐☐☐☐ 에 나 홀로 남은 것 같아 외롭구나.

左 왼 **좌** 가 들어간 어휘

○ 다음 한자의 뜻과 소리를 따라 써 보세요.

왼 좌

뜻   소리

○ 다음 낱말을 큰 소리로 읽고, 그림과 함께 뜻을 생각해 보세요.

좌우

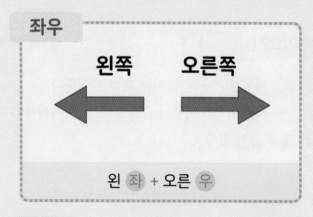

왼쪽   오른쪽

왼 **좌** + 오른 **우**

좌측

북   서

왼 **좌** + 곁 **측**

좌회전

왼 **좌** + 돌아올 **회** + 구를 **전**

우왕좌왕

오른 **우** + 갈 **왕** + 왼 **좌** + 갈 **왕**

○ 이미 알고 있는 낱말에 ✓표를 하세요.

☐ 좌우 ☐ 좌측 ☐ 좌회전 ☐ 우왕좌왕

○ 위 낱말마다 반복되는 글자를 찾아 붙임 딱지를 붙여 보세요.

붙임
딱지

붙임 딱지 | 활용

◎ 다음 한자의 뜻을 생각해 보세요.

7급Ⅱ

左

'左'는 왼손에 도구를 쥔 모습의 글자로, '왼쪽'이나 '돕다'라는 뜻을 나타내요.

◎ 다음 낱말의 뜻을 알아보고, 빈칸을 채워 문장을 완성해 보세요.

왼	좌
오른	우
좌우	

왼쪽과 오른쪽을 아울러 이르는 말.

• 길을 건널 때는 ☐☐ 를 잘 살펴야 한다.

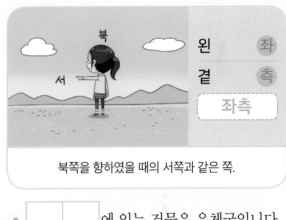

왼	좌
곁	측
좌측	

북쪽을 향하였을 때의 서쪽과 같은 쪽.

• ☐☐ 에 있는 건물은 우체국입니다.

왼	좌
돌아올	회
구를	전
좌회전	

차 따위가 왼쪽으로 돎.

• ☐☐☐ 할 때는 왼쪽 깜빡이를 켜야 한다.

오른	우
갈	왕
왼	좌
갈	왕
우왕좌왕	

이리저리 왔다 갔다 하며 일이나 나아가는 방향을 종잡지 못함.

• 중요한 물건을 어디에 두었는지 잊어서 ☐☐☐☐ 했다.

👆 친절한 샘 '우왕좌왕하다.'와 비슷한 의미로 쓰이는 말에는 '갈팡질팡하다.', '좌왕우왕하다.'가 있어요.

1 다음 밑줄 친 낱말이 '왼쪽'을 뜻하지 않는 것은 무엇인가요? (   )   ▶ 241027-0183

① 좌석   ② 좌우   ③ 좌측   ④ 좌회전   ⑤ 우왕좌왕

2 다음 낱말의 뜻을 알맞게 선으로 이어 보세요.   ▶ 241027-0184

1 좌우 •   • ㉠ 왼쪽과 오른쪽을 아울러 이르는 말.

2 좌측 •   • ㉡ 북쪽을 향하였을 때의 서쪽과 같은 쪽.

3 다음을 보고, 빈칸에 들어갈 알맞은 낱말을 써 보세요.   ▶ 241027-0185

> 우회전 ➡ 차 따위가 오른쪽으로 돎.
>
> ☐회전 ➡ 차 따위가 왼쪽으로 돎.

4 빈칸에 들어갈 알맞은 낱말을 [보기]에서 찾아 써 보세요.   ▶ 241027-0186

보기

좌우지간   좌측   좌석   우왕좌왕

1 서울 시청을 바라보고 섰을 때 ☐☐ 에 보이는 궁궐은 덕수궁이다.

2 지갑을 잃어버려 ☐☐☐☐ 헤매느라 약속에 늦었다.

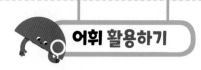
5~6 다음 글을 읽고, 물음에 답해 보세요.

> 해수야, 너를 내 생일잔치에 초대하려고 해. 생일잔치는 이번 주 토요일 12시 우리 집에서 할 거야. 지금부터 우리 집에 오는 길을 설명할게. 버스를 타고 '☆☆초등학교' 정류장에 내리면 근처에 '☆☆초등학교'가 보일 거야. 학교 앞에서 좌회전을 하면 우체국이 나와. 우체국에서 두 블록 앞으로 가면 약국이 보일 거야. 약국에서 좌측으로 길을 꺾으면 빨간 지붕의 이층집이 나오는데 그 집은 우리 할머니 댁이고, 우리 집은 바로 맞은편에 있어. 골목길이라 우왕좌왕 헤맬 수 있으니 이 초대장을 보면서 찾아오렴. 걸을 땐 좌우를 살피며 차 조심해. 그럼 주말에 만나자! 　　　　　　 － 20○○년 7월 11일 지민이가

5 이번 주 토요일에 누구의 생일잔치가 열리나요? (　　　　　　) ▶ 241027-0187

6 편지의 내용에 대한 설명으로 알맞지 <u>않은</u> 것은 무엇인가요? (　　　) ▶ 241027-0188

① 7월 11일에 쓴 편지다.
② 학교 앞에서 좌회전을 하면 우체국이 있다.
③ 생일잔치는 토요일 12시에 열린다.
④ 지민이네 집에 가려면 지하철을 타야 한다.
⑤ 지민이는 해수에게 자기 집에 오는 방법을 설명하고 있다.

어휘 더하기 - 좌충우돌

왼 **좌** + 찌를 **충** + 오른 **우** + 부딪칠 **돌**

이리저리 마구 찌르고 부딪침.

이 영화는 해외여행에서 □□□□ 하는 가족에 대한 이야기를 담고 있다.

右 오른 우가 들어간 어휘

◎ 다음 한자의 뜻과 소리를 따라 써 보세요.

오른 우
뜻   소리

◎ 다음 낱말을 큰 소리로 읽고, 그림과 함께 뜻을 생각해 보세요.

좌우명

최선을 다하자!

자리 좌 + 오른 우 + 새길 명

우익수

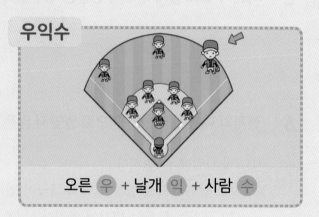

오른 우 + 날개 익 + 사람 수

우회전

오른 우 + 돌아올 회 + 구를 전

우측통행

우측통행
Keep to he Right

오른 우 + 곁 측 + 통할 통 + 다닐 행

○ 이미 알고 있는 낱말에 ✓표를 하세요.

☐ 좌우명 ☐ 우익수 ☐ 우회전 ☐ 우측통행

○ 위 낱말마다 반복되는 글자를 찾아 붙임 딱지를 붙여 보세요.   붙임 딱지   붙임딱지1 활용

ㅎ图

○ 다음 한자의 뜻을 생각해 보세요.

7급II

오른손을 나타내는 글자와 입을 나타내는 한자를 더해 만들어진 글자로, '오른쪽'이나 '오른손'이라는 뜻을 가지고 있어요.

○ 다음 낱말의 뜻을 알아보고, 빈칸을 채워 문장을 완성해 보세요.

자리	좌
오른	우
새길	명

좌우명

늘 자리 옆에 갖추어 두고 가르침으로 삼는 말이나 문구.

• 나의 [ ][ ][ ] 은 '최선을 다하자.' 이다.

오른	우
날개	익
사람	수

우익수

야구에서, 외야의 오른쪽을 지키는 수비수.

• 그는 한국 야구에서 가장 유명한 [ ][ ][ ] 이다.

오른	우
돌아올	회
구를	전

우회전

차 따위가 오른쪽으로 돎.

• 사거리에서 [ ][ ][ ] 하면 학교가 나온다.

오른	우
곁	측
통할	통
다닐	행

우측통행

길을 갈 때에 오른쪽으로 감.

• 복도에서는 [ ][ ][ ][ ] 해야 한다.

👆 **친절한 샘** 길을 갈 때에 왼쪽으로 가는 것은 '좌측통행'이라고 해요.

1 다음 낱말의 뜻을 알맞게 선으로 이어 보세요.   ▶ 241027-0189

1 좌우명 •

2 우회전 •

3 우측통행 •

• ㉠ 차 따위가 오른쪽으로 돎.

• ㉡ 길을 갈 때에 오른쪽으로 감.

• ㉢ 늘 자리 옆에 갖추어 두고 가르침으로 삼는 말이나 문구.

2 다음 그림을 보고, 알맞은 낱말을 써 보세요.   ▶ 241027-0190

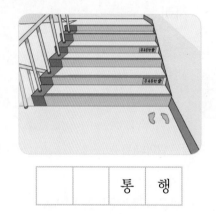

		통	행

3 빈칸에 들어갈 알맞은 낱말에 ○표를 하세요.   ▶ 241027-0191

1 (우익수, 우회전)을 할 때는 길을 건너는 사람이 없는지 살펴야 한다.

2 그녀의 (좌우명, 우측통행)은 '즐기는 삶을 살자.'이다.

4 다음 빈칸에 들어갈 알맞은 말은 무엇인가요? (   )   ▶ 241027-0192

계단이나 복도에서는 [   ]을 해야 모두가 안전합니다.

① 우박   ② 우산   ③ 좌우명

④ 우회전   ⑤ 우측통행

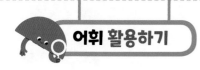

정답과 해설 23쪽

5~6 **다음 글을 읽고, 물음에 답해 보세요.**

오늘 1교시에 학급 회의를 했다. 토의 시작 전에 돌아가면서 자신의 좌우명을 말했는데, 친구들이 어떤 것을 중요하게 생각하며 사는지 알 수 있는 시간이었다.

다음으로 생활 안전 수칙에 대해 이야기했다. 자전거를 타며 방향을 바꿀 때는 팔을 흔들어 다른 사람들에게 알려 주어야 한다. 예를 들어 우회전을 할 때는 오른팔을 흔들어 오른쪽으로 갈 것이라고 알려야 한다. 또 학교 복도에서 친구들과 부딪히는 것을 예방하기 위해서는 우측통행을 해야 한다.

마지막으로 교내 야구 대회에 나갈 선수를 뽑았다. 나는 세민이를 우익수로 추천했다. 학급 회의를 통해 중요한 학급의 문제를 함께 해결할 수 있어 즐거운 시간이었다.

5 학급 회의에서 이야기한 생활 안전 수칙을 <u>두 가지</u> 찾아 ○표를 하세요.

241027-0193

1 쓰레기를 아무 곳에나 버리지 말자. (   )

2 복도에서는 친구들과 부딪히지 않게 우측통행을 하자. (   )

3 자전거를 탈 때는 팔을 흔들어 이동하는 방향을 알리자. (   )

6 글쓴이가 학급 회의가 즐거웠다고 한 이유는 무엇인가요? (   )

241027-0194

① 쉴 수 있어서   ② 발표할 수 있어서

③ 야구 대회에 참여할 수 있어서   ④ 친구들의 의견은 듣지 않고 결정할 수 있어서

⑤ 학급의 문제를 친구들과 함께 해결할 수 있어서

어휘 더하기 - 전후좌우

앞 전 + 뒤 후 + 왼 좌 + 오른 우

```
      전
      ↑
좌 ←  🧍  → 우
      ↓
      후
```

앞과 뒤, 왼쪽과 오른쪽을 일컫는 말로 사방을 뜻한다.

그 당시에는 [   ][   ][   ][   ] 를 살필 틈이 없었다.

子 아들 자가 들어간 어휘

◎ 다음 한자의 뜻과 소리를 따라 써 보세요.

子 아들 자
(뜻) (소리)

◎ 다음 낱말을 큰 소리로 읽고, 그림과 함께 뜻을 생각해 보세요.

자녀

아들 자 + 여자 녀

효자

효도 효 + 아들 자

제자

아우 제 + 아들 자

자자손손

아들 자 + 아들 자 + 손자 손 + 손자 손

○ 이미 알고 있는 낱말에 ✓표를 하세요.

☐ 자녀 ☐ 효자 ☐ 제자 ☐ 자자손손

○ 위 낱말마다 반복되는 글자를 찾아 붙임 딱지를 붙여 보세요.

붙임 딱지

붙임 딱지1 활용

자

◉ 다음 한자의 뜻을 생각해 보세요.

7급Ⅱ

포대기에 싸여 있는 아이의 모습을 나타낸 것으로, '아들', '자식', '사람' 등의 뜻을 가지고 있어요.

◉ 다음 낱말의 뜻을 알아보고, 빈칸을 채워 문장을 완성해 보세요.

아들	자
여자	녀
자녀	

아들과 딸을 아울러 이르는 말.

• 그들에게는 두 명의 ☐☐ 가 있다.

효도	효
아들	자
효자	

부모를 잘 섬기는 아들.

• 우리 아버지는 부모님을 잘 모시는 ☐☐ 라고 소문이 나 있다.

아우	제
아들	자
제자	

스승으로부터 가르침을 받거나 받은 사람.

• 스승의 날에 옛 ☐☐ 가 찾아왔다.

아들	자
아들	자
손자	손
손자	손
자자손손	

자손의 여러 대.

• ☐☐☐☐ 물려줄 자연을 보호해야 한다.

👆**친절한 샘** 여기에서 '자(子)'는 '사람'이라는 뜻으로 사용되었어요.

👆**친절한 샘** 여기에서 '자(子)'는 '자식'이라는 뜻으로 사용되었으며 비슷한 말로는 '대대손손', '자손만대' 등이 있어요.

1 다음 빈칸에 공통으로 들어갈 알맞은 글자를 써 보세요. ▶ 241027-0195

☐ 녀   효 ☐   제 ☐   ☐ 손

☐

2 빈칸에 들어갈 알맞은 낱말에 ○표를 하세요. ▶ 241027-0196

• 어린 [   ]를 보호하는 것은 부모의 의무다.

• 부모와 [   ] 사이에는 대화가 중요하다.

1 자녀 (   )   **2** 제자 (   )   **3** 선생님 (   )

3 다음 낱말의 뜻을 알맞게 선으로 이어 보세요. ▶ 241027-0197

1 제자   •   • ㉠ 부모를 잘 섬기는 아들.

2 효자   •   • ㉡ 스승으로부터 가르침을 받거나 받은 사람.

3 자자손손   •   • ㉢ 자손의 여러 대.

4 빈칸에 알맞은 낱말을 [보기]에서 찾아 써 보세요. ▶ 241027-0198

> **보기**
>
> 제자   여자   효자

1 아버지는 늘 할머니를 걱정하고 챙기는 [   ][   ]이다.

2 선생님은 훌륭한 어른이 된 [   ][   ]들을 보고 기뻐하셨다.

정답과 해설 24쪽

5~6 다음 글을 읽고, 물음에 답해 보세요.

옛날 한 시골 마을에 노모를 모시고 사는 청년이 있었어요. 그는 가난했지만 어머니를 위해 매 끼니 맛있는 음식을 준비하는, 소문난 효자였지요.

비가 많이 내리던 어느 날 밤이었어요. 옷이 흠뻑 젖은 노인 한 분이 오들오들 떨면서 집 앞에 서 있는 게 아니겠어요? 청년은 노인을 따뜻한 방으로 모시고 정성껏 식사를 차려 드렸어요. 다음 날 아침, 기운을 차린 노인은 자신이 궁에서 임금님의 식사를 책임지는 요리사라며 청년을 제자로 삼고 싶다고 말했어요. 하지만 청년은 어머니를 홀로 두고 떠날 수 없어 거절하고 말았지요.

궁으로 돌아간 노인은 임금님께 어젯밤에 있었던 일을 전했어요. 임금님은 청년의 착한 마음씨를 기특하게 여겨 그의 자녀와 자녀의 자녀까지, 즉 자자손손 풍족히 먹고살 수 있도록 상을 내렸어요.

5 청년의 집에 찾아온 노인의 직업은 무엇이었나요? (   ) ▶ 241027-0199

① 의사   ② 교사   ③ 요리사   ④ 한의사   ⑤ 임금님

6 청년은 노인의 제안을 왜 거절했나요? (   ) ▶ 241027-0200

① 돈이 부족해서   ② 요리를 싫어해서
③ 어르신을 못 믿어서   ④ 궁에서 살기 싫어서
⑤ 어머니를 홀로 두고 떠날 수 없어서

어휘 더하기 - 부자유친

아버지 부 + 아들 자 + 있을 유 + 친할 친

아버지(부모)와 아들(자식) 사이에는 친밀한 사랑이 있다는 말로, 아버지는 아들을 사랑하고 아들은 아버지를 잘 섬김으로써 부자간의 도리를 다해야 한다는 뜻.

'　　　　'이라고 나와 우리 아빠는 가장 친한 친구이다.

1 다음 뜻을 가진 낱말을 [보기]에서 찾아 써 보세요. ▶ 241027-0201

> **보기**
>
> 제자   우회전   좌우   세상   하의

1 아래에 입는 옷. : (   )

2 스승으로부터 가르침을 받거나 받은 사람. : (   )

3 사람이 살고 있는 모든 사회를 통틀어 이르는 말. : (   )

2 다음 그림에 어울리는 낱말에 ○표를 하세요. ▶ 241027-0202

1 (하차, 승차)   **2** (좌회전, 우회전)

3 빈칸에 들어갈 알맞은 낱말을 [보기]에서 찾아 써 보세요. ▶ 241027-0203

> **보기**
>
> 자자손손   좌우명   지하철   상수도   우왕좌왕

1 산골 마을에는 (   ) 시설이 없어 우물에서 물을 길어 나른다.

2 어디로 가야 할지 길을 몰라 (   ) 헤맸다.

3 (   )에서 통화는 되도록 짧게, 대화는 소곤소곤.

4 다음 중 밑줄 친 낱말의 쓰임이 어색한 것은 무엇인가요? (   ) ▶ 241027-0204

① 오빠는 나의 자녀이다.

② 더 넓고 큰 세상으로 나아가자.

③ 버스가 완전히 멈춘 후 하차해야 한다.

④ 나의 좌우명은 '건강한 삶을 살자.'이다.

⑤ 갈아입을 하의를 가져오지 않아 불편했다.

◎ 낱말과 어울리는 뜻을 차례대로 연결한 다음 암호를 풀어 보세요.

| **1** 효자 | **2** 우측통행 | **3** 좌회전 | **4** 지하철 | **5** 옥상 |

| 지하 철도 위를 달리는 전동차. | 부모를 잘 섬기는 아들. | 지붕의 위. | 차 따위가 왼쪽으로 돎. | 길을 갈 때에 오른쪽으로 감. |
| 몬 | 다 | 드 | 아 | 이 |

◎ 암호 해독

1	**2**	**3**	**4**	**5**

붙임 딱지 1

일	이	인	일	월	오	왕	선	생	장
산	대	목	삼	녀 (여)	문	모	부	백	사
화	형	팔	수	족	상	하	좌	우	자

붙임 딱지 2

一	二	人	日	月	五	王	先	生	長
1일 차	2일 차	3일 차	4일 차	5일 차	6일 차	7일 차	8일 차	9일 차	10일 차
山	大	木	三	女	門	母	父	白	四
11일 차	12일 차	13일 차	14일 차	15일 차	16일 차	17일 차	18일 차	19일 차	20일 차
火	兄	八	手	足	上	下	左	右	子
21일 차	22일 차	23일 차	24일 차	25일 차	26일 차	27일 차	28일 차	29일 차	30일 차

점선을 잘라서 사용하세요.

학습 진도표

학습한 날짜를 적고 해당일에 배운 한자를 붙임 딱지 2에서 찾아 붙이세요.

1일 차	2일 차	3일 차	4일 차	5일 차
월 일	월 일	월 일	월 일	월 일

6일 차	7일 차	8일 차	9일 차	10일 차
월 일	월 일	월 일	월 일	월 일

11일 차	12일 차	13일 차	14일 차	15일 차
월 일	월 일	월 일	월 일	월 일

16일 차	17일 차	18일 차	19일 차	20일 차
월 일	월 일	월 일	월 일	월 일

21일 차	22일 차	23일 차	24일 차	25일 차
월 일	월 일	월 일	월 일	월 일

26일 차	27일 차	28일 차	29일 차	30일 차
월 일	월 일	월 일	월 일	월 일

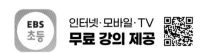

인터넷·모바일·TV
무료 강의 제공

초 | 등 | 부 | 터 EBS

새 교육과정 반영

국어 어휘 베스트셀러 시리즈

어휘가 독해다!

초등 한자 어휘

1단계

정답과 해설

'한눈에 보는 정답' 보기
& 정답과 해설 내려받기

초등 1~2학년 권장

어휘 다지기 **1** 일
본문 6~7쪽

1 일등
2 **1**-ⓒ **2**-ⓒ **3**-⊙
3 **2** ○
4 ①
5 ④
6 ①

어휘 다지기 **5** 일
본문 22~23쪽

1 **1**-ⓒ **2**-ⓒ **3**-⊙
2 **1** 세월 **2** 십이월
3 **3** ○
4 ④
5 ②
6 ⑤

어휘 다지기 **2** 일
본문 10~11쪽

1 **1** 이십 **2** 이월
2 2
3 **1**-ⓒ **2**-⊙
4 **2** ×
5 ①
6 ②, ③

어휘 굳히기 **1**~**5** 일
본문 24~25쪽

1 **1**-ⓒ **2**-⊙ **3**-ⓒ
2 **1** 기념일 **2** 일주일
3 **1** 일등 **2** 월말
4 일석이조

[어휘 놀이터]

1 매월, ①
2 인간, ①
3 일생, ②
4 인물, ②
5 일주, ②

어휘 다지기 **3** 일
본문 14~15쪽

1 **1**-ⓒ **2**-ⓒ **3**-⊙
2 **1** ○
3 **1** 인기 **2** 인물
4 ④
5 **1** 황소 **2** 인간
6 ③

어휘 다지기 **4** 일
본문 18~19쪽

1 **1** 매일 **2** 일기 **3** 기념일
2 **1** 기념일 **2** 일기
3 **2** ○
4 ③
5 ②
6 ③, ④

어휘 다지기 ❻일 본문 28~29쪽

1 **1** 오 **2** 오
2 **2** ○
3 ③
4 **1** 오십 **2** 오감
5 제주도
6 **3** ○

어휘 다지기 ❼일 본문 32~33쪽

1 **1** 왕 **2** 왕
2 **3** ○
3 대왕
4 ⑤
5 **2** ○ **3** ○
6 ②

어휘 다지기 ❽일 본문 36~37쪽

1 ②
2 **3** ○
3 **1**-㉠ **2**-㉢ **3**-㉡
4 **1** 선배 **2** 우선
5 **2** ○
6 ⑤

어휘 다지기 ❾일 본문 40~41쪽

1 학생
2 **1**-㉠ **2**-㉢ **3**-㉡
3 **1** 생일 **2** 발생
4 ①
5 **2** ○
6 ④

어휘 다지기 ❿일 본문 44~45쪽

1 **1**-㉡ **2**-㉠ **3**-㉢
2 장신
3 **1** 성장 **2** 장거리
4 ②
5 **3** ○
6 ②, ③

어휘 굳히기 ❻~❿일 본문 46~47쪽

1 **1**-㉡ **2**-㉠ **3**-㉢
2 **1** 장단점 **2** 일생일대
3 **1** ○
4 솔선수범

[어휘 놀이터]

1 오뉴월   2 우선   3 선생
4 대왕   5 오색

어휘 다지기 ⓫ 일
본문 50~51쪽

1 ❶-ⓛ ❷-㉠ ❸-ⓒ
2 화산
3 ❶ 산사태 ❷ 등산
4 ②
5 ①
6 ①, ⑤

어휘 다지기 ⓬ 일
본문 54~55쪽

1 대학교
2 ❸ ○
3 ❶ 확대 ❷ 대문
4 ❶ 대학교 ❷ 대가족 ❸ 확대
5 ❶ ○ ❷ ○
6 ④, ⑤

어휘 다지기 ⓭ 일
본문 58~59쪽

1 ❶ ○
2 목재
3 ❷ ×
4 ⑤
5 ②
6 ①

어휘 다지기 ⓮ 일
본문 62~63쪽

1 ❶-㉠ ❷-ⓒ ❸-ⓛ
2 ❶ ○
3 ❶ 삼촌 ❷ 삼일절
4 ④
5 ❷ ○
6 ④

어휘 다지기 ⓯ 일
본문 66~67쪽

1 ❶-ⓛ ❷-㉠ ❸-ⓒ
2 ❶ ① ❷ ② ❸ ①
3 ❶ 약혼녀 ❷ 여왕
4 ②
5 ②, ③
6 ⑤

어휘 굳히기 ⓫~⓯ 일
본문 68~69쪽

1 ❶ 손녀 ❷ 목수
2 ❶ 수목원 ❷ 미녀
3 ❶ 확대 ❷ 삼삼오오
4 ❶ 삼각형 ❷ 목재

[어휘 놀이터]
풀이 참조

어휘 다지기 16 일 본문 72~73쪽

1 문
2 1–ⓒ 2–ⓐ 3–ⓑ
3 1 출입문 2 창문
4 ①
5 ①, ②, ④
6 ④

어휘 다지기 17 일 본문 76~77쪽

1 1 ○
2 풀이 참고
3 ③
4 1 모유 2 모국어 3 모자
5 ②
6 ④

어휘 다지기 18 일 본문 80~81쪽

1 ④
2 ①
3 부
4 1 부성애 2 사부
5 ③, ④
6 ⑤

어휘 다지기 19 일 본문 84~85쪽

1 ③
2 백마
3 1 백지 2 백사장
4 ④
5 2 ○
6 ①

어휘 다지기 20 일 본문 88~89쪽

1 ④
2 사각형
3 사촌
4 1 사방 2 사계절
5 ②, ③, ⑤
6 1–ⓓ 2–ⓒ 3–ⓑ 4–ⓐ

어휘 굳히기 16 ~ 20 일 본문 90~91쪽

1 1 사부 2 문단속 3 백지
2 1 모성애 2 사부
3 1 모국어 2 사방 3 백사장
4 ②

[어휘 놀이터]

풀이 참조

어휘 다지기 **21**일 본문 94~95쪽

1 소화기
2 **1** 화재 **2** 화력
3 화요일
4 ③
5 ④
6 ②, ⑤

어휘 다지기 **22**일 본문 98~99쪽

1 **1**-ⓒ **2**-ⓐ **3**-ⓒ
2 **2** ○
3 **1** ○
4 ②
5 ②
6 8

어휘 다지기 **23**일 본문 102~103쪽

1 **2** ○
2 **1** ○
3 ④
4 **1** 팔도 **2** 팔월 **3** 팔각형
5 ⑤
6 ⑤

어휘 다지기 **24**일 본문 106~107쪽

1 **1** 가수 **2** 선수
2 '손'에 동그라미 표시
3 **1** 박수 **2** 가수
4 수작업
5 가수
6 ①

어휘 다지기 **25**일 본문 110~111쪽

1 **1**-ⓒ **2**-ⓐ **3**-ⓒ
2 '발'에 동그라미 표시
3 **1** 부족 **2** 족구
4 **2** ○
5 족구
6 ③

어휘 굳히기 **21**~**25**일 본문 112~113쪽

1 **1** ⓒ **2** ⓐ **3** ⓒ
2 **1** 팔월 **2** 족구
3 **1** 가수 **2** 화재 **3** 형제자매
4 **1** 팔순 **2** 수작업

[어휘 놀이터]

풀이 참조

어휘 다지기 26 일　　본문 116~117쪽

1 상
2 1 -ⓛ 2 -ⓒ 3 -㉠
3 1 옥상 2 세상
4 ⑤
5 강가, 하천
6 ④

어휘 다지기 27 일　　본문 120~121쪽

1 3 ○
2 지하철
3 ②
4 영하, 하의
5 ③
6 호떡, 붕어빵

어휘 다지기 28 일　　본문 124~125쪽

1 ①
2 1 -㉠ 2 -ⓛ
3 좌
4 1 좌측 2 우왕좌왕
5 지민
6 ④

어휘 다지기 29 일　　본문 128~129쪽

1 1 -ⓒ 2 -㉠ 3 -ⓛ
2 우측
3 1 우회전 2 좌우명
4 ⑤
5 2 ○ 3 ○
6 ⑤

어휘 다지기 30 일　　본문 132~133쪽

1 자
2 1 ○
3 1 -ⓛ 2 -㉠ 3 -ⓒ
4 1 효자 2 제자
5 ③
6 ⑤

어휘 굳히기 26~30 일　　본문 134~135쪽

1 1 하의 2 제자 3 세상
2 1 하차 2 좌회전
3 1 상수도 2 우왕좌왕 3 지하철
4 ①

[어휘 놀이터]

다이아몬드

정답과 해설

어휘 다지기 **1** 일
본문 6~7쪽

1 일등
2 **1**-ⓒ **2**-ⓒ **3**-ⓒ
3 **2** ○
4 ①
5 ④
6 ①

---

1 그림은 일등을 하여 상을 받는 장면입니다. '일'로 시작하는 낱말을 쓰라고 하였으므로 '일등'이라고 씁니다.

2 **1** '일등'은 '으뜸가는 등급.', **2** '일생'은 '세상에 태어나서 죽을 때까지의 동안.', **3** '일주일'은 '한 주일.'을 뜻합니다.

3 문장에는 '일정한 경로를 한 바퀴 돎.'의 뜻을 가진 '일주'가 들어가야 알맞습니다.

4 '일주일'은 '한 주일'을 뜻하는 말로, '일주일'의 '일'은 '하나'라는 뜻입니다.

5 스페인 탐험가인 마젤란은 최초로 세계 일주를 한 사람입니다. 마젤란은 인도에서 향신료를 가져와 팔 생각으로, 아무도 가 보지 않은 새로운 바닷길로 인도로 향해 떠났습니다.

6 마젤란의 항해로 사람들은 지구가 둥글다는 사실을 알게 되었다고 하였습니다.

어휘 다지기 **2** 일
본문 10~11쪽

1 **1** 이십 **2** 이월
2 2
3 **1**-ⓒ **2**-ⓒ
4 **2** ×
5 ①
6 ②, ③

---

1 **1** 십씩 커지는 순서대로 낱말이 나열되어 있습니다. '십' 다음 칸에 올 낱말은 '이십'입니다. **2** '일월' 다음의 월은 '이월'입니다. '이월' 다음은 '삼월', '삼월' 다음은 '사월'입니다.

2 글자가 가지고 있는 뜻은 '둘', '둘째'입니다. 이것을 숫자로 나타내면 '2'입니다.

3 **1** 가족 여행을 하면서 추억을 쌓을 수 있고, 맛있는 것도 먹을 수 있다는 두 가지 좋은 점을 말하고 있으므로 빈칸에 어울리는 낱말은 '동시에 두 가지 이득을 봄.'을 이르는 말인 '일석이조'입니다. **2** 물건을 비닐과 신문지 두 겹으로 포장했다고 하였으므로 '두 겹'을 뜻하는 '이중'이 들어가야 어울립니다.

4 **1** '이월'은 '한 해 열두 달 가운데 둘째 달.'이라는 뜻으로, '이월'의 '이'는 '두 이(二)'입니다. **2** '이유'는 '어떠한 결론이나 결과에 이른 까닭이나 근거.'라는 뜻으로, '이유'의 '이'는 '다스릴 이(理)'입니다.

5 황제펭귄들은 암컷이 알을 낳으면 수컷이 알을 품습니다.

6 황제펭귄들은 추위로부터 알을 보호하기 위해 발등 위에 알을 올리고, 펭귄들끼리 서로 몸을 밀착시킨 상태로 지냅니다.

어휘 다지기 ❸ 일   본문 14~15쪽

1 ❶-ⓒ ❷-ⓒ ❸-㉠
2 ❶ ○
3 ❶ 인기 ❷ 인물
4 ④
5 ❶ 황소 ❷ 인간
6 ③

1 ❶ '인물'은 '일정한 상황에서 어떤 역할을 하는 사람', ❷ '인기'는 '어떤 대상에 쏠리는 여러 사람의 높은 관심이나 좋아하는 기운', ❸ '연예인'은 '연예에 종사하는 배우, 가수, 무용가 등을 통틀어 이르는 말.'입니다.

2 '어떤 대상에 쏠리는 여러 사람의 높은 관심이나 좋아하는 기운'을 뜻하는 낱말인 '인기'가 들어가야 문장의 뜻이 자연스럽습니다.

3 ❶ 외국 사람들도 우리나라 드라마를 좋아한다는 뜻이므로 '인기'가 들어가야 알맞습니다. ❷ 이야기 속에서 어떤 역할을 하는 사람을 '인물'이라고 합니다.

4 밑줄 친 글자는 모두 '사람', '인간'을 뜻합니다. '인류'는 '세계의 모든 사람'을 뜻하는 말이고, '인종'은 '인류를 지역과 신체적 특성에 따라 구분한 종류'를 뜻하는 말입니다.

5 미노타우로스는 머리와 꼬리는 황소의 모습을 하고 몸은 인간의 모습이었습니다.

6 미노스왕은 왕비가 낳은 반인반수의 미노타우로스를 숨기기 위해서 건축가에게 미로 궁전을 짓게 하였습니다.

어휘 다지기 ❹ 일   본문 18~19쪽

1 ❶ 매일 ❷ 일기 ❸ 기념일
2 ❶ 기념일 ❷ 일기
3 ❷ ○
4 ③
5 ②
6 ③, ④

1 ❶ '각각의 개별적인 나날'의 뜻을 가진 낱말은 '매일', ❷ '날마다 겪은 일이나 생각을 적는 개인의 기록'은 '일기', ❸ '축하하거나 기릴 만한 일이 있을 때, 해마다 그 일이 있었던 날을 기억하는 날'은 '기념일'입니다.

2 ❶ 개천절은 우리나라의 건국을 기념하기 위해 정한 기념일입니다. '명절'은 설날, 단오, 추석 등의 날을 말합니다. ❷ 내가 겪은 일과 생각을 기록한다고 하였으므로 '일기'가 알맞습니다.

3 '하루하루', '맨날', '나날이'는 '각각의 개별적인 나날'을 뜻하는 '매일'과 비슷한 뜻을 가진 낱말입니다.

4 '일주일'은 '한 주일'을 뜻하는 말로 '일주일'의 맨 앞 글자인 '일'은 '하나'라는 뜻을 나타냅니다.

5 일기에는 매일 반복되는 일상적인 내용보다는 그날 있었던 특별한 일이나 생각 등을 적는 것이 좋습니다.

6 일기를 쓰면 있었던 일을 생생하게 기억할 수 있고, 일어난 일에 대해 깊이 생각할 수 있습니다.

어휘 다지기 5일

1 1 - ㉢   2 - ㉡   3 - ㉠
2 1 세월   2 십이월
3 3 ○
4 ④
5 ②
6 ⑤

1 1 '월말'은 '그달의 끝 무렵', 2 '세월'은 '흘러가는 시간', 3 '매월'은 '한 달 한 달'이라는 뜻입니다.

2 1 할머니의 주름에서 시간이 많이 흐른 것을 느낀 것이므로 '세월'이 들어가야 어울립니다. 2 크리스마스는 12월 25일이므로 '십이월'이라고 써야 합니다.

3 '매달, 다달이, 달마다'는 모두 '매월'과 비슷한 뜻을 가진 낱말입니다.

4 '월급', '월초', '일월', '월요일'의 '월' 자는 모두 '달 월 (月)' 자입니다.

5 글쓴이의 가족은 매월 월말에 가족회의를 한다고 하였습니다.

6 글쓴이의 가족은 한 달에 한 번 가족회의를 합니다. 글쓴이가 올해 가장 기억에 남는 순간은 처음 학교에 가던 날이라고 한 것을 통해 ②를 알 수 있습니다. 여름에 다녀온 여행이 뜻깊었다는 내용에서 ③을 확인할 수 있습니다.

어휘 굳히기 1~5일

1 1 - ㉡   2 - ㉠   3 - ㉢
2 1 기념일   2 일주일
3 1 일등   2 월말
4 일석이조

[어휘 놀이터]

1 매월, ①
2 인간, ①
3 일생, ②
4 인물, ②
5 일주, ②

1 1 '매일'은 '각각의 개별적인 나날', 2 '월말'은 '그달의 끝 무렵', 3 '인기'는 '어떤 대상에 쏠리는 여러 사람의 높은 관심이나 좋아하는 기운'을 뜻합니다.

2 1 생일, 개천절, 삼일절과 같이 축하하거나 기릴 만한 일이 있을 때, 해마다 그 일이 있었던 날을 기억하는 날을 '기념일'이라고 합니다. 2 월요일부터 일요일까지의 칠 일을 '일주일'이라고 합니다.

3 1 '일등'은 '으뜸가는 등급'이라는 뜻입니다. 2 '월말'은 '그달의 끝 무렵'을 뜻합니다.

4 그림과 뜻에 어울리는 낱말은 '일석이조'입니다. '일석이조'는 '한 가지 일로 동시에 두 가지 이득을 얻는다.'는 뜻입니다.

어휘 다지기 **6**일 본문 28~29쪽

1 **1** 오 **2** 오
2 **2** ○
3 ③
4 **1** 오십 **2** 오감
5 제주도
6 **3** ○

1 **1** 숫자 '50'은 '오십'이라고 읽습니다. **2** '시각, 청각, 후각, 미각, 촉각의 다섯 가지 감각'을 '오감'이라고 합니다.

2 '오월과 유월'의 뜻을 가진 낱말은 '오뉴월'입니다.

3 '오십, 오색, 오감, 오뉴월'의 '오'는 모두 '다섯 오'입니다.

4 **1** 해를 세는 단위인 '년'이 나오므로 '오십'이 가장 알맞습니다. **2** 청각은 오감 중 하나입니다.

5 글쓴이네 가족은 작년 한 해 제주도에서 지냈습니다.

6 글쓴이는 제주도에서 지낸 시간을 행복하다고 느꼈습니다. **1**과 **2**는 글에서 확인할 수 없는 내용입니다.

어휘 다지기 **7**일 본문 32~33쪽

1 **1** 왕 **2** 왕
2 **3** ○
3 대왕
4 ⑤
5 **2** ○ **3** ○
6 ②

1 **1** '임금의 아들'은 '왕자', **2** '임금의 집안'은 '왕실'입니다.

2 **1** '왕비'는 '임금의 아내', **2** '왕실'은 '임금의 집안'을 뜻합니다.

3 세종 대왕의 그림이므로 빈칸에는 '대왕'을 써야 합니다.

4 ①, ②, ③, ④는 모두 '임금 왕' 자가 사용된 낱말입니다. ⑤ '우왕좌왕'은 '이리저리 왔다 갔다 하며 일이나 나아가는 방향을 종잡지 못함.'의 뜻으로 여기서 '왕'은 '갈 왕(往)' 자 입니다.

5 **1** 세종 대왕은 태종 이방원의 셋째 아들로 태어났습니다.

6 세종 대왕은 한글을 만들었고, 나라의 다양한 제도를 정비했습니다. 학자들이 학문을 연구할 수 있도록 집현전을 설치했고, 과학 기술의 발전을 위해 노력했습니다.

1 ②
2 **3** ○
3 **1**-㉠ **2**-㉢ **3**-㉡
4 **1** 선배 **2** 우선
5 **2** ○
6 ⑤

1 학생
2 **1**-㉠ **2**-㉢ **3**-㉡
3 **1** 생일 **2** 발생
4 ①
5 **2** ○
6 ④

---

1 '선생, 선배, 우선, 솔선수범'의 '선'은 모두 '먼저 선(先)' 자입니다.

2 다른 사람보다 앞장서서 행동하여 본보기가 되어 준다는 내용이 들어가야 하므로 '솔선수범'이 알맞습니다.

3 **1** '우선'은 '어떤 일에 앞서서'라는 뜻, **2** '선배'는 '같은 분야에서, 지위나 나이·학예 따위가 자기보다 많거나 앞선 사람', **3** '선생'은 '학생을 가르치는 사람'이라는 뜻입니다.

4 **1** 같은 초등학교를 먼저 졸업한 언니를 '선배'라고 합니다. **2** '어떤 일에 앞서서'라는 뜻의 낱말이 들어가야 하므로 '우선'이 가장 알맞습니다.

5 **2** 선생님은 우리 학교 졸업생이어서 선생님이기도 하지만 선배님이라고 하였습니다.

6 선생님께서는 훌륭한 사람이 되기 위해서 다른 사람들을 배려하고 존중할 줄 알아야 하며, 솔선수범하는 사람이 되어야 한다고 하셨습니다.

---

1 우리 반에 있는 사람은 '배우는 사람'인 '학생'이기 때문에 빈칸에 들어갈 낱말은 '학생'입니다.

2 **1** '발생'은 '어떤 일이나 사물이 생겨남.', **2** '생일'은 '세상에 태어난 날. 또는 태어난 날을 기념하는 해마다의 그날', **3** '일생일대'는 '일생을 통하여 가장 중요함을 이르는 말.'입니다.

3 **1** 지난주 일요일은 동생이 태어난 날을 기념하는 날이었다는 뜻이므로, '생일'이 알맞은 낱말입니다. **2** 사고가 생겼다는 뜻이므로 '어떤 일이나 사물이 생겨남.'의 뜻인 '발생'이 알맞습니다.

4 '일생을 통하여 가장 중요함을 이르는 말'인 '일생일대'에 쓰인 '생(生)'은 '살다.'라는 뜻입니다.

5 권기옥은 일본에 맞서 싸우는 독립운동을 하기 위해 비행사가 되는 것이 일생일대의 꿈이었습니다.

6 권기옥은 가난한 집에서 태어났지만, 공부하고 싶은 마음을 포기하지 않아 결국 학교에 다니게 되었습니다. 3·1운동에 참여해 감옥살이를 했고, 비행사가 되어 군에 들어갔습니다.

어휘 다지기 10 일

본문 44~45쪽

1 1 -ㄴ 2 -ㄱ 3 -ㄷ
2 장신
3 1 성장 2 장거리
4 ②
5 3 ○
6 ②, ③

1 1 '성장'은 '사람이나 동물이 자라서 점점 커지거나 성숙해지는 것'이라는 뜻, 2 '장단점'은 '좋은 점과 나쁜 점'이라는 뜻, 3 '장거리'는 '시간이 꽤 걸리는 먼 거리, 육상에서 먼 거리를 달리는 경기'라는 뜻입니다.

2 그림에서 키가 더 큰 사람에게 화살표가 되어 있으므로, '키가 큰 몸'을 뜻하는 '장신'이라고 써야 합니다.

3 1 햇빛과 물과 공기는 식물이 자라는 데 꼭 필요한 것이므로, '생물이 자라서 점점 커지거나 성숙해지는 것'을 뜻하는 '성장'이 알맞습니다. 2 '외국'은 '다른 나라'를 뜻하므로 '시간이 꽤 걸리는 먼 거리'를 뜻하는 '장거리'가 알맞습니다.

4 '키가 큰 몸'을 뜻하는 '장신'에 쓰인 '장(長)'은 길이가 길다는 뜻입니다.

5 글쓴이는 단거리, 중거리, 장거리 달리기 중에서 긴 거리를 달리는 장거리 달리기가 가장 좋다고 했습니다.

6 글쓴이는 달리기 선수가 되기 위해 골고루 먹고 규칙적으로 생활을 하며, 체력을 기르기 위해 줄넘기도 꾸준히 하고 있다고 했습니다.

어휘 굳히기 6 ~ 10 일

본문 46~47쪽

1 1 -ㄴ 2 -ㄱ 3 -ㄷ
2 1 장단점 2 일생일대
3 1 ○
4 솔선수범

[어휘 놀이터]

1 오뉴월   2 우선   3 선생
4 대왕   5 오색

1 1 '오감'은 '시각, 청각, 후각, 미각, 촉각의 다섯 가지 감각'을 뜻하므로, 눈, 코, 입, 귀, 손의 그림은 '오감'과 연결합니다. 2 사람이 점점 자라는 모습을 그린 것으로 '성장'과 어울립니다. 3 칠판 앞에서 수업을 하는 선생님의 그림이므로 '선생'과 연결합니다.

2 1 '좋은 점과 나쁜 점'은 '장단점', 2 '일생을 통하여 가장 중요함을 이르는 말'은 '일생일대'입니다.

3 '같은 분야에서, 지위나 나이·학예 따위가 자기보다 많거나 앞선 사람'을 '선배'라고 합니다.

4 다른 친구들은 못 본 체하고 지나가고 있는데 나서서 휴지를 줍는 아이의 그림과 설명하고 있는 뜻에 알맞은 낱말은 '솔선수범'입니다. '솔선수범'은 '남보다 앞장서서 행동해서 몸소 다른 사람의 본보기가 됨.'을 뜻합니다.

[어휘 놀이터]

1 ① - ⓒ   ② - ⓐ   ③ - ⓑ
2 화산
3 ① 산사태   ② 등산
4 ②
5 ①
6 ①, ⑤

1 '등산'은 '운동, 놀이 등의 목적으로 산에 오름.'을, '산림'은 '산과 숲, 또는 산에 있는 숲.'을, '산사태'는 '폭우나 지진 등으로 인해 산 중턱의 바윗돌이나 흙이 갑자기 무너져 내리는 현상.'을 말합니다.

2 땅속에 있는 가스, 마그마가 갈라진 틈으로 터져 나와 만들어진 '화산'의 모습입니다.

3 ①에는 '산의 바윗돌이나 흙이 갑자기 무너져 내리는 현상.'을 뜻하는 '산사태'가 들어가야 알맞고, ②에는 '운동, 놀이 등의 목적으로 산에 오름.'을 뜻하는 '등산'이 들어가야 알맞습니다.

4 '산과 숲, 또는 산에 있는 숲.'을 뜻하는 '산림'이 들어가야 문장이 자연스럽습니다.

5 아버지께서는 십여 년 전 ○○산에 산사태가 났었다고 말씀하셨습니다.

6 산은 공기를 맑게 하고 우리에게 아름다운 휴식 공간을 제공합니다. 이것이 산이 우리에게 주는 이로움입니다. ② 산이 있으면 높은 산을 넘어야 하기에 교통이 불편합니다. ③, ④ 산사태나 화산 폭발은 산이 우리에게 피해를 끼치는 경우입니다.

1 대학교
2 ③ ○
3 ① 확대   ② 대문
4 ① 대학교   ② 대가족   ③ 확대
5 ① ○   ② ○
6 ④, ⑤

1 초등학교 → 중학교 → 고등학교 → 대학교 순으로 진학합니다.

2 식구 수가 많은 가족을 대가족이라고 하므로, ③이 대가족의 모습에 해당합니다.

3 ①에서 망원경은 두 개 이상의 볼록 렌즈로 멀리 있는 물체를 크고 정확하게 보도록 만든 장치이므로, 망원경으로 달을 보면 더 크게 확대되어 보입니다. ②에는 '큰 문. 주로 집의 출입문을 이르는 말.'인 '대문'이 들어가야 알맞습니다.

4 ① 공부를 잘했던 삼촌은 좋은 대학교를 다닌다는 말이 적절합니다. ② 요즘은 자녀를 한두 명만 낳아 대가족이 많지 않습니다. ③ 앞에 '가족사진을 크게'라는 말이 들어갔으므로 빈칸에 '확대'가 들어가야 적절합니다.

5 글쓴이의 집은 2층 주택이고, 가족은 대가족이며, 집이 대학교 근처에 있다고 소개하였습니다.

6 식구 수가 많아서 좋은 점은 서로 돕고 배려하는 마음이 생기고, 집안일을 여러 명이 맡아 빨리 끝낼 수 있는 것이라고 하였습니다. 식구 수가 많아서 생기는 단점은 항상 시끌벅적하고, 먹을 것을 가지고 다투는 것입니다.

어휘 다지기 **13**일
본문 58~59쪽

1 **1** ○
2 목재
3 **2** ✕
4 ⑤
5 ②
6 ①

1 그림은 나무로 말의 모양을 깎아 만든 물건인 '목마'의 모습입니다.

2 나무로 만든 의자, 장난감, 탁자이므로, 모두 '목재'로 만든 물건이라고 할 수 있습니다. '목재'는 '건축이나 가구 따위에 쓰는, 나무로 된 재료.'를 말합니다.

3 '목재'와 '수목원'의 '목'은 '나무 목(木)'으로 '나무'라는 의미가 있습니다. '목사'는 '교회에서 예배를 인도하고 신자들의 영적 생활을 지도하는 성직자'를 뜻하는 말로, '목사'의 '목'은 '기르다, 치다'란 의미를 가진 '목(牧)'을 씁니다.

4 ⑤는 "목숨이 열 개가 아니므로, 항상 안전하게 행동하자."라고 고쳐 써야 자연스럽습니다.

5 목수가 수목원을 가꾸었다고 하였습니다.

6 곧고 빠르게 자라는 나무는 목수의 손에 잘려 가구가 되지만, 구부러지고 휘어진 나무들은 목재로서 쓸모가 없어 수목원을 가득 채운 것이라고 하였습니다.

어휘 다지기 **14**일
본문 62~63쪽

1 **1**-㉠ **2**-㉢ **3**-㉡
2 **1** ○
3 **1** 삼촌 **2** 삼일절
4 ④
5 **2** ○
6 ④

1 '삼촌'은 '아버지의 형제를 부르는 말.'이고, '삼일절'은 '1919년 3·1 독립 정신을 계승하기 위해 제정한 국경일로 3월 1일.'을 말합니다. '삼삼오오'는 '서너 사람 또는 대여섯 사람이 떼를 지어 일하거나 다니는 모양.'을 나타내는 말입니다.

2 세 개의 선분으로 둘러싸인 평면 도형인 **1**이 삼각형에 해당합니다.

3 아버지의 남동생을 '삼촌'이라고 부르며, '삼일절'에는 탑골 공원에서 만세 운동을 재현하는 행사가 열립니다. '개천절'은 우리나라의 건국을 기념하기 위하여 제정한 국경일로 10월 3일입니다.

4 서너 사람 또는 대여섯 사람이 떼를 지어 일하거나 다니는 모양을 나타내는 '삼삼오오'가 들어가야 어울립니다.

5 삼일절은 1919년에 일어난 독립 만세 운동을 기념하는 날이라고 하였습니다.

6 3·1운동은 1919년 3월 1일 서울 종로에서 시작되었는데, 수많은 사람이 '대한 독립 만세'를 외치며 태극기를 들고 거리를 행진했습니다. 일본은 이 운동을 잔인하게 진압하여 수많은 사람이 죽거나 잡혀갔습니다. 3·1운동은 우리 민족의 독립 의지를 전 세계에 알리는 역할을 했으나, 이 운동으로 일본이 항복하고 자신의 나라로 돌아간 것은 아닙니다.

어휘 다지기 15 일
본문 66~67쪽

1 1 - ㉡ 2 - ㉠ 3 - ㉢
2 1 ① 2 ② 3 ①
3 1 약혼녀 2 여왕
4 ②
5 ②, ③
6 ⑤

어휘 굳히기 11 ~ 15 일
본문 68~69쪽

1 1 손녀 2 목수
2 1 수목원 2 미녀
3 1 확대 2 삼삼오오
4 1 삼각형 2 목재

[어휘 놀이터]
풀이 참조

1 '손녀'는 '아들의 딸. 또는 딸의 딸.'을 말하며, '미녀'는 '얼굴이 아름다운 여자.'를 말합니다. 또, '약혼녀'는 '결혼을 하기로 약속한 여자.'를 가리키는 말입니다.

2 1 에서는 미녀가 '얼굴이 아름다운 여자.'를 가리키는 말이므로 아름다운 여자에 ○표 하고, 2 에서 '여왕'은 '여자 임금.'을 말하므로 여자 임금에 ○표 합니다. 3 에서 '손녀'는 '아들의 딸. 또는 딸의 딸.'을 말하므로 여자아이에 ○표를 해야 합니다.

3 1 에는 '결혼을 하기로 약속한 여자.'란 의미의 '약혼녀'가 들어가야 문장이 어울리고, 2 에는 '여자 임금.'이란 의미의 '여왕'이 들어가야 문장이 어울립니다.

4 '미녀, 손녀, 여왕, 약혼녀'의 '녀'와 '여'에는 모두 '여자'라는 의미가 있습니다.

5 여왕은 결혼을 할 생각이 없었고, 청혼하러 오는 남자들을 귀찮아했습니다.

6 여왕은 청혼하는 남자들을 물리치기 위해 재미나라 왕과 약혼을 한다는 헛소문을 퍼뜨렸습니다.

1 '아들의 딸. 또는 딸의 딸.'을 뜻하는 낱말은 '손녀'이며, '나무를 다루어 집을 짓거나 가구 따위를 만드는 일을 직업으로 하는 사람.'을 '목수'라고 합니다.

2 1 은 관찰이나 연구의 목적으로 여러 가지 나무를 수집하여 재배하는 시설인 '수목원'의 모습입니다. 2 는 얼굴이 아름다운 여자인 '미녀'의 모습입니다.

3 1 에는 '넓혀서 크게 함.'의 의미가 있는 '확대'가 들어가야 자연스럽고, 2 에는 '서너 사람 또는 대여섯 사람이 떼를 지어 일하거나 다니는 모양.'을 나타내는 '삼삼오오'가 들어가야 자연스럽습니다.

4 '세모'는 세 개의 선분으로 둘러싸인 평면 도형이므로 '삼각형'으로, '나무'는 건축이나 가구 따위에 쓰는 나무로 된 재료를 뜻하는 '목재'로 바꾸어 쓸 수 있습니다.

[어휘 놀이터]

어휘 다지기 16 일   본문 72~73쪽

1 문
2 1-ⓒ 2-㉠ 3-ⓛ
3 1 출입문 2 창문
4 ①
5 ①, ②, ④
6 ④

1   빈칸에 공통으로 들어갈 글자는 '문'입니다. '문'을 넣
으면 '창문, 대문, 교문, 출입문, 동대문'이 됩니다.

2   1 은 조선 시대에 건립한 한양 도성의 남쪽 정문인
'남대문'의 모습이고, 2 는 공기나 햇빛을 받을 수
있고, 밖을 내다볼 수 있도록 벽이나 지붕에 낸 문인
'창문', 3 은 드나드는 문인 '출입문'의 모습입니다.

3   1 에선 사람들이 들어왔다고 하였으므로 '출입문'이
들어가야 알맞고, 2 에선 밖으로 떨어지는 빗방울을
보았다고 하였으므로 '창문'이 들어가야 알맞습니다.

4   '문단속'은 '사고가 없도록 문을 잘 닫아 잠그는 일'을
말합니다. ①에는 규칙이나 법령, 명령 따위를 지키
도록 통제한다는 뜻의 '단속'이 들어가야 알맞습니다.

5   서울 나들이를 가서 '남대문'을 보고, '남산'에 오르
고, '서울 타워'에도 올라갔습니다.

6   남대문의 공식 이름은 숭례문이며, 2008년에 방화
로 불탔다가 2013년에 다시 복원되었습니다. 남대문
은 조선 시대에 처음 지어졌으며, 남쪽을 향하고 있
는 서울 도성의 출입문입니다.

어휘 다지기 17 일   본문 76~77쪽

1 1 ○
2 풀이 참고
3 ③
4 1 모유 2 모국어 3 모자
5 ②
6 ④

1   '모국어'는 '자기 나라의 말.'을 뜻하며, '모자'는 '어머
니와 아들을 아울러 이르는 말.'을 뜻합니다. '이모'는
'어머니의 여자 형제를 이르거나 부르는 말.'입니다.

2   '이모'는 '어머니의 여자 형제를 이르거나 부르는 말.'
이므로, 어머니의 여자 형제에 ○표 해야 합니다.

3   '이모, 모자, 모유, 모국어'의 '모'는 모두 '어머니'의
뜻을 가지고 있는 '어머니 모(母)'를 쓰며, '세모'는
△모양을 가리키는 순우리말로, '어머니'의 뜻이 없
습니다.

4   1 에는 '어머니의 젖.'을 뜻하는 '모유'가 들어가야
알맞고, 2 에는 '자기 나라의 말.'이란 의미의 '모국
어'가 들어가야 알맞으며, 3 에는 '어머니와 아들을
아울러 이르는 말.'을 뜻하는 '모자'가 들어가야 알맞
습니다.

5   미국으로 이민을 간 아이는 그곳에 살던 이모의 보
살핌을 받으며 지냈습니다.

6   이모는 아이가 모국어를 잊지 않도록 집 안에서 한
국말을 사용했습니다.

어휘 다지기 ⑱일

본문 80~81쪽

1 ④
2 ①
3 부
4 ❶ 부성애 ❷ 사부
5 ③, ④
6 ⑤

1 '부모, 조부, 사부, 부성애'의 '부'는 모두 '아버지'를 뜻하는 '아버지 부(父)'를 씁니다. 그러나 '부인'은 '남의 아내를 높여 이르는 말.'로 '지아비 부(夫)'를 씁니다.

2 할아버지를 '조부'라고도 부릅니다. '조부'는 '부모의 아버지를 이르는 말.'입니다.

3 '어머니를 정중히 이르는 말.'을 '모친'이라고 하며, '아버지를 정중히 이르는 말.'을 '부친'이라고 합니다. 예를 들어 "부친께서는 건강하신가요?"라고 물으면 아버지께서 건강하신지 묻는 표현입니다.

4 ❶에는 '자식에 대한 아버지의 본능적인 사랑.'을 뜻하는 '부성애'가 들어가야 알맞으며, ❷에는 '스승을 높여 이르는 말.'인 '사부'가 들어가야 알맞습니다.

5 글에서 자신에게 소중한 존재로 부모님과 조부님을 소개하였습니다.

6 부모님과 조부님의 사랑에 보답하기 위해서 항상 열심히 공부하며 맡은 일에 최선을 다할 것이라고 하였습니다.

어휘 다지기 ⑲일

본문 84~85쪽

1 ③
2 백마
3 ❶ 백지 ❷ 백사장
4 ④
5 ❷ ○
6 ①

1 '백인, 백마, 백지, 백사장'의 '백'은 모두 '희다'는 뜻을 가진 '흰 백(白)'입니다. 그러나 '백성'의 '백'은 '일백(100)'을 뜻하는 '일백 백(百)'자를 씁니다.

2 '털빛이 검은 말.'은 '흑마', '털빛이 흰 말.'은 '백마'라고 합니다.

3 '흰 종이'는 '백지', '하얀 모래사장'은 '백사장'으로 바꾸어 쓸 수 있습니다. '백지'는 '닥나무 껍질로 만든 흰빛의 우리나라 종이. 또는 아무것도 적지 않은 비어 있는 종이.'를 뜻하는 말이며, '백사장'은 '강가나 바닷가의 흰모래가 깔려 있는 곳.'을 말합니다.

4 ④에서 '백지'는 '닥나무 껍질로 만든 흰빛의 우리나라 종이. 또는 아무것도 적지 않은 비어 있는 종이.'를 뜻하는 말인데, '알록달록한'이란 말이 꾸미고 있어 어울리지 않습니다. '백지'가 아니라 '벽지'로 바꾸어 써야 합니다.

5 지우는 백사장을 달리는 백마 한 마리와 이를 놀란 모습으로 지켜보는 사람들을 그렸습니다.

6 지우는 '백인, 백마, 백사장'을 흰색으로 표현하기 위해 색칠하지 않고 남겨 두었습니다.

어휘 다지기 20일 | 본문 88~89쪽

1 ④
2 사각형
3 사촌
4 1 사방 2 사계절
5 ②, ③, ⑤
6 1-② 2-© 3-ⓒ 4-㉠

1 사방, 사촌, 사계절, 사각형의 '사'는 모두 '넷'을 뜻하는 '넉 사(四)'를 씁니다.

2 주어진 그림은 '네 개의 선분으로 둘러싸인 평면 도형.'이므로 '사각형'이라고 써야 합니다.

3 아버지 동생의 딸을 사촌이라고 합니다. 촌수를 따져 보면 나와 아버지가 '일촌', 아버지와 그 동생은 '이촌', 아버지 동생과 그 딸은 '일촌'이므로, 모두 더하면 나와는 '사촌' 관계가 됩니다. '사촌'은 '아버지의 친형제자매의 아들이나 딸과의 촌수.'를 뜻하는 말입니다.

4 1에는 '동, 서, 남, 북 네 방위를 통틀어 이르는 말.'인 '사방'이 들어가야 알맞고, 2에는 '봄, 여름, 가을, 겨울의 네 철.'을 가리키는 '사계절'이 들어가야 알맞습니다.

5 나와 사촌 동생은 카드 게임, 블록 쌓기, 퍼즐 맞추기를 하였습니다.

6 분홍색은 봄, 초록은 여름, 빨강과 노랑은 가을, 흰색과 갈색은 겨울을 나타낸다고 하였습니다.

어휘 굳히기 16~20일 | 본문 90~91쪽

1 1 사부 2 문단속 3 백지
2 1 모성애 2 사부
3 1 모국어 2 사방 3 백사장
4 ②

[어휘 놀이터]
풀이 참조

1 '스승을 높여 이르는 말.'은 '사부'이고, '사고가 없도록 문을 잘 잠그는 일.'을 '문단속'이라 하며, '아무것도 적지 않은 비어 있는 종이.'는 '백지'를 말합니다.

2 '자식에 대한 어머니의 본능적인 사랑을 이르는 말.'은 '모성애'입니다. 1은 어미 사자가 새끼를 쓰다듬는 모습입니다. '스승을 높여 이르는 말.'은 '사부'입니다. 2는 운동을 가르치는 사부의 모습입니다.

3 1에는 '자기 나라의 말.'이란 의미의 '모국어'가 들어가야 알맞으며, 2에는 '동, 서, 남, 북 네 방위를 통틀어 이르는 말.'인 '사방'이 들어가야 알맞고, 3에는 '강가나 바닷가의 흰모래가 깔려 있는 곳.'을 뜻하는 '백사장'이 들어가야 알맞습니다.

4 '백마'는 '털빛이 흰 말.'을 가리키는 말이므로, '붉은 털을 휘날리며'란 말과 어울리지 않습니다.

[어휘 놀이터]

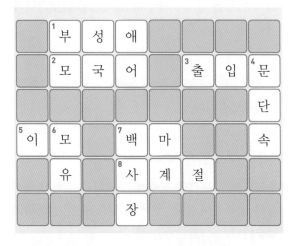

어휘 다지기 21 일 본문 94~95쪽

1 소화기
2 1 화재 2 화력
3 화요일
4 ③
5 ④
6 ②, ⑤

어휘 다지기 22 일 본문 98~99쪽

1 1-ⓒ 2-ⓐ 3-ⓑ
2 2 ○
3 1 ○
4 ②
5 ②
6 8

1 불을 끄는 기구인 '소화기'를 나타내는 그림입니다.

2 1에는 '불이 나는 재앙. 또는 불로 인한 재난'을 뜻하는 '화재'가 들어가야 알맞고, 2에는 '불이 탈 때에 내는 열의 힘'을 뜻하는 '화력'이 들어가야 알맞습니다.

3 월요일 다음에는 한 주의 둘째 날을 뜻하는 화요일이 들어가야 자연스럽습니다.

4 불이 났을 때의 행동 방법에 대해 배웠다고 했으므로 '불이 나는 재앙'을 뜻하는 '화재'가 들어가는 것이 알맞습니다.

5 소방대원 선생님들의 시범이 끝난 다음 소화기 사용 방법을 배우고 직접 실습도 했습니다.

6 야외 활동에서는 소화기의 위치를 기억하고, 화력이 센 가스레인지를 사용할 때는 받침대보다 작은 불판을 사용합니다. 또, 텐트에서 난로를 피우는 경우 환기를 자주 해야 합니다.

1 1 '친형'은 '같은 부모에게서 난 형', 2 '형제애'는 '형이나 아우 또는 동기에 대한 사랑', 3 '형제'는 '형과 아우를 아울러 이르는 말'입니다.

2 최초로 비행기를 만든 사람은 라이트 형제이고, 나와 형의 관계를 이야기하고 있으므로 '형제'가 알맞습니다.

3 '남자 형제와 여자 형제를 함께 이르는 말'은 '형제자매'입니다. '호형호제'는 '서로 형이니 아우니 하고 부른다.'는 뜻으로, 매우 가까운 친구로 지냄을 이르는 말입니다. '난형난제'는 '누구를 형이라 하고 누구를 아우라 하기 어렵다.'는 뜻으로, 두 사물이 비슷하여 낫고 못함을 정하기 어려움을 이르는 말입니다.

4 삼각형에 쓰인 '형'은 모양이나 형태를 나타내는 '모양 형(形)'입니다.

5 '나'와 형은 한 번도 다툰 적이 없고 형제애가 좋다고 설명하고 있으므로 자주 다툰다는 내용은 알맞지 않습니다.

6 11살인 형과 3살 차이가 나고, 6살인 동생과 2살 차이가 난다고 했으므로 '나'의 나이는 8살입니다.

어휘 다지기 23 일 　　　本문 102~103쪽

1 2 ○
2 1 ○
3 ④
4 1 팔도　 2 팔월　 3 팔각형
5 ⑤
6 ⑤

1 케이크에 숫자 80이 꽂혀 있으므로 '여든 살'을 뜻하는 팔순이 맞습니다.

2 '우리나라 전체를 이르는 말'은 '팔도'입니다.

3 밑줄 친 한자들의 뜻은 숫자 8을 나타내는 '여덟'입니다.

4 1은 전국을 뜻하는 '팔도'를, 2는 여름에 해당하는 달인 '팔월'을, 3의 팔각정은 여덟 개의 변으로 둘러싸인 평면도형을 뜻하는 '팔각형' 모양의 정자를 뜻하는 낱말입니다.

5 8월 20일은 할머니의 생신이라고 했습니다.

6 동생은 유치원에서 만든 '팔각형' 모양의 색종이 왕관을 할머니께 씌워 드렸습니다.

어휘 다지기 24 일 　　　本문 106~107쪽

1 1 가수　 2 선수
2 '손'에 동그라미 표시
3 1 박수　 2 가수
4 수작업
5 가수
6 ①

1 '가수'는 '노래 부르는 것이 직업인 사람'을 뜻하는 말이고, '선수'는 '운동 경기나 기술 등에서 대표로 뽑힌 사람'을 말합니다.

2 두 글자는 모두 '손'을 뜻하므로 '손' 부위에 동그라미 표시를 하는 것이 알맞습니다.

3 공연 후에는 손뼉을 마주치며 '박수'를 보내고, 축제의 공연을 위해서는 유명한 '가수'를 초대하는 것이 자연스럽습니다.

4 손으로 바느질했다는 말로 미루어 보아 손으로 하는 작업을 뜻하는 '수작업'이 알맞습니다.

5 노래하는 것을 좋아하는 사람에게 어울리는 직업은 '가수'입니다.

6 의상 디자이너는 컴퓨터로 옷의 형태를 그리기도 하고 수작업으로 옷을 만들기도 한다고 했습니다.

어휘 다지기 25 일

1 **1**-ⓒ **2**-ⓐ **3**-ⓑ
2 '발'에 동그라미 표시
3 **1** 부족 **2** 족구
4 **2** ○
5 족구
6 ③

어휘 굳히기 21~25 일

1 **1** ⓒ **2** ⓐ **3** ⓑ
2 **1** 팔월 **2** 족구
3 **1** 가수 **2** 화재 **3** 형제자매
4 **1** 팔순 **2** 수작업

[어휘 놀이터]

풀이 참조

---

1 '족구'는 '발로 공을 차서 네트를 넘겨 승부를 겨루는 경기'를, '부족'은 '필요한 양이나 기준에 미치지 못해 충분하지 않음.'을, '족욕'은 '두 발을 따뜻한 물과 차가운 물 속에 번갈아 담그는 목욕'을 말합니다.

2 두 낱말에 사용된 '족'은 '발'을 뜻하고 있으므로 '발' 부위에 동그라미 표시를 하는 것이 알맞습니다.

3 **1** 에는 '기준에 미치지 못한다.'는 뜻의 '부족'이, **2** 에는 '발로 공을 차는 경기'인 '족구'가 들어가는 것이 알맞습니다.

4 '자기만족'은 '자기 자신이나 자신의 행동에 대하여 스스로 흡족하게 여긴다.'라는 뜻입니다. '자신만만'은 '매우 자신이 있음.'을, '자유자재'는 '거침없이 자기 마음대로 할 수 있음.'을 나타내는 말입니다.

5 글쓴이가 오늘 시합한 경기 종목은 '족구'입니다.

6 첫 번째 세트에서 승리한 팀은 3학년입니다.

---

1 '불을 끄는 기구'를 뜻하는 낱말은 '소화기'이며, '형제'는 '형과 아우를 아울러 이르는 말'을, '부족'은 '필요한 양이나 기준에 미치지 못해 충분하지 않음.'을 나타내는 말입니다.

2 **1** 은 '일 년 중 8번째 달'인 '팔월'을, **2** 는 '발로 공을 차서 네트를 넘기는 경기'인 '족구'를 나타내는 모습입니다.

3 **1** 에는 '노래 부르는 직업을 가진 사람'의 의미가 있는 '가수'가 들어가야 자연스럽고, **2** 에는 '불로 인한 재난'을 나타내는 '화재'가 들어가야 자연스럽습니다. **3** 에는 '남자 형제와 여자 형제를 함께 이르는 말'인 '형제자매'가 들어가야 자연스럽습니다.

4 '80세'는 여든 살을 뜻하는 '팔순'으로, '손으로 직접 만든'은 손으로 직접 하는 작업인 '수작업'과 의미가 같습니다.

[어휘 놀이터]

자	적	너	족	수	재	부
요	족	팔	각	형	구	팔
손	하	박	후	제	력	족
구	미	수	족	구	순	가
팔	사	부	강	화	도	사
화	팔	족	욕	력	형	도
박	작	화	만	소	산	각

숫자 '8'이 생깁니다.

어휘 다지기 26 일
본문 116~117쪽

1 상
2 ① -ⓒ ② -ⓒ ③ -㉠
3 ① 옥상 ② 세상
4 ⑤
5 강가, 하천
6 ④

1 빈칸에 공통으로 들어갈 글자는 '상'입니다. 빈칸에 '상'을 넣으면 '세상, 옥상, 상수도, 상의'가 됩니다.

2 ①은 '건물의 지붕 위'를 나타내는 '옥상', ②는 '사람들이 살고 있는 사회'를 나타내는 '세상', ③은 '위에 입는 옷'인 '상의'의 모습입니다.

3 ①은 어떤 장소에 올라갔다고 하였으므로 '옥상'이, ②는 정전으로 어두워진 상황을 이야기하고 있으므로 '세상'이 들어가야 알맞습니다.

4 '상의'는 티셔츠, 블라우스, 셔츠와 같이 위에 입는 옷을 말합니다.

5 상수도 시설이 설치되지 않아 물을 쉽게 구하기 어려운 지역에서는 '강가'나 '하천' 근처에서 살아간다고 했습니다.

6 사람들은 교통이 편리한 지역에 많이 모여 산다고 했습니다.

어휘 다지기 27 일
본문 120~121쪽

1 ③ ○
2 지하철
3 ②
4 영하, 하의
5 ③
6 호떡, 붕어빵

1 '하차'는 '차에서 내리는 것'을, '영하'는 '0℃ 이하의 온도'를 말합니다.

2 '지하철'은 '지하 철도 위를 달리는 전동차'를 나타내는 말입니다.

3 영하, 하차, 하의, 지하철은 모두 '아래 하(下)'를 사용합니다. '하천(河川)'은 '강과 시내를 아우르는 말'로, 여기서 '하(河)'는 강을 뜻하는 말입니다.

4 기온이 떨어졌다는 말과 두꺼운 것을 챙겨 입었다는 것으로 미루어 보아 각각 '영하'와 '하의'가 들어가는 것이 알맞습니다.

5 서울은 대부분의 관광지가 지하철역과 가까워 이동할 때 지하철을 이용하면 편리하다고 했습니다.

6 서울에서 즐길 수 있는 겨울철 간식으로 군고구마, 호떡, 붕어빵을 소개했습니다.

어휘 다지기 28일
본문 124~125쪽

1 ①
2 **1**-㉠ **2**-㉡
3 좌
4 **1** 좌측 **2** 우왕좌왕
5 지민
6 ④

1 '좌우, 좌측, 좌회전, 우왕좌왕'은 모두 '왼쪽'을 뜻하는 '왼 좌(左)'를 씁니다. 그러나 '좌석'은 '앉을 수 있게 마련한 자리'라는 뜻으로 '앉을 좌(座)'를 씁니다.

2 '좌우'는 '왼쪽과 오른쪽을 아울러 이르는 말', '좌측'은 '북쪽을 향하였을 때의 서쪽과 같은 쪽'을 뜻하는 말입니다.

3 '우회전'은 '차 따위가 오른쪽으로 돈다.'라는 뜻, '좌회전'은 '왼쪽으로 돈다.'라는 뜻의 낱말입니다.

4 **1**에는 서울 시청의 왼쪽에 덕수궁이 있다는 표현이 자연스러우므로 '좌측'이, **2**에는 지갑을 잃어버렸다는 것으로 미루어 보아 '우왕좌왕'이 들어가는 것이 알맞습니다.

5 이번 주 토요일에는 지민이의 생일잔치가 열립니다.

6 지민이는 해수에게 버스를 타고 오라고 했습니다.

어휘 다지기 29일
본문 128~129쪽

1 **1**-㉢ **2**-㉠ **3**-㉡
2 우측
3 **1** 우회전 **2** 좌우명
4 ⑤
5 **2** ○ **3** ○
6 ⑤

1 '좌우명'은 '늘 자리 옆에 갖추어 두고 가르침으로 삼는 말이나 문구'를, '우회전'은 '차 따위가 오른쪽으로 돈다.'는 뜻을, '우측통행'은 '길을 갈 때에 오른쪽으로 감.'을 나타내는 말입니다.

2 그림은 계단에서의 우측통행을 나타내고 있습니다.

3 **1**에는 길 건너는 사람을 살펴야 한다고 설명하고 있으므로 '우회전'이, **2**에는 '즐기는 삶을 살자.'라는 말이 있으므로 '좌우명'이 알맞은 말입니다.

4 계단이나 복도에서는 '우측통행'해야 합니다.

5 생활 안전 수칙에 대한 토의에서는 '자전거를 탈 때 수신호'와 '복도에서의 우측통행'에 대해 이야기했습니다.

6 글쓴이는 학급의 문제를 친구들과 함께 해결할 수 있어 즐거웠다고 말하고 있습니다.

어휘 다지기 ③⓪일
본문 132~133쪽

1 자
2 ① ○
3 ①-ⓒ ②-⑦ ③-ⓒ
4 ① 효자 ② 제자
5 ③
6 ⑤

1 빈칸에 공통으로 들어갈 글자는 '자'입니다. 빈칸에 '자'를 넣으면 '자녀, 효자, 제자, 자손'이 됩니다.

2 '자녀'는 아들과 딸을 아울러 이르는 말입니다.

3 '제자'는 스승으로부터 가르침을 받거나 받은 사람, '효자'는 부모를 잘 섬기는 아들, '자자손손'은 자손의 여러 대를 뜻하는 말입니다.

4 ①에는 아버지께서 할머니를 걱정하고 챙긴다고 설명하고 있으므로 '효자'가 들어가는 것이 알맞습니다. ②는 선생님이 어른이 된 '제자'들을 보고 기뻐한다는 표현이 자연스럽습니다.

5 청년의 집에 찾아온 노인은 임금님의 식사를 책임지는 요리사입니다.

6 청년은 어머니를 홀로 두고 떠날 수 없어 어르신의 제안을 거절했습니다.

어휘 굳히기 ㉖~③⓪일
본문 134~135쪽

1 ① 하의 ② 제자 ③ 세상
2 ① 하차 ② 좌회전
3 ① 상수도 ② 우왕좌왕 ③ 지하철
4 ①

[어휘 놀이터]

다이아몬드

1 '아래에 입는 옷'은 '하의'를, '스승으로부터 가르침을 받거나 받은 사람'은 '제자'를, '사람이 살고 있는 모든 사회를 통틀어 이르는 말'은 '세상'을 나타내는 말입니다.

2 ①은 버스에서 내리고 있으므로 '하차', ②는 왼쪽으로 꺾어진 표지판이므로 '좌회전'이 어울리는 낱말입니다.

3 ①에서는 물과 관련한 시설이 없다고 했으므로 '물을 보내 주는 설비'를 뜻하는 '상수도'가 들어가는 것이 알맞고, ②는 길을 헤매고 있으므로 '우왕좌왕'이, ③에는 '지하철'이 들어가는 것이 알맞습니다.

4 오빠는 나와 '형제자매' 관계이므로 '자녀'라는 말과 어울리지 않습니다.

[어휘 놀이터]

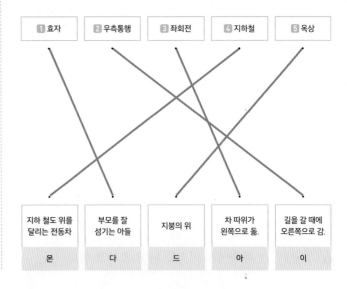

| ① 효자 | ② 우측통행 | ③ 좌회전 | ④ 지하철 | ⑤ 옥상 |

지하 철도 위를 달리는 전동차	부모를 잘 섬기는 아들	지붕의 위	차 따위가 왼쪽으로 돎.	길을 갈 때에 오른쪽으로 감.
몬	다	드	아	이